自助超簡單

日本四國

林幸樺 文・攝影

一券在手，暢遊四國！「All Shikoku Rail Pass」帶你大啖讚岐烏龍麵！走訪坂本龍馬故鄉！

Contents

走吧！來去四國！

「四國？那是屬於高手級的人去的地方吧？」

過去四國因為地理位置及島內交通問題，一直被外國觀光客認為是一塊難以攻略的地方，特別是四國當地的昂貴交通費，更是旅人們遲遲不敢上路的最大理由。

雖然搭乘 JR 就可以把四國繞上一圈，毫無遺漏地將四國四大城市與主要觀光景點一網打盡，但四國的普通列車班次不多，銜接困難，而且相當耗時，跨縣往來如果無法利用特急列車，在移動上會造成很大的不便。再者，眾所皆知要坐日本的特急列車，除了得買一般車票，還要加購特急券，車資昂貴，坐個一兩次還好，但對幾乎天天都要進行長程移動的觀光客而言，可是一筆驚人的開銷。

日本 JR 在關東、關西、北海道、九州等地區，都有針對外國旅客推出專攻該區的鐵道周遊券，也就是俗稱的 JR PASS，但唯獨沒有「JR 四國 PASS」，想要在四國毫無顧慮的坐特急列車趴趴走，只有把外國人專用的日本全區 JR PASS 拿來用，但心裡總是覺得很不划算！

即使四國為了促進觀光，打出各式各樣的四國周遊券與優惠套票，依票種可以在限定期間內自由搭乘四國全域或部分區域的 JR 各級列車，讓外國旅客可以跟著日本人一同在這眾多的優惠方案中，

尋找出最適合自己的方案。只是有的時候,來往大城市時坐高速巴士,花費的時間跟坐 JR 可能差不多,費用卻更便宜,所以不甘多花錢的自助旅行者總是比啊比算啊算,想破腦袋只為找出最省錢又方便的方法,讓人忍不住想要大叫:「為什麼沒有『JR 四國 PASS』啊!」

終於,2012 年 4 月,夢想中的「JR 四國 PASS」誕生了!──不,嚴格說起來,其實不是「JR 四國 PASS」。

啥米?耍人喔?是的,這不是「JR 四國 PASS」,而是能搭乘四國之內 All Rail 的「All Shikoku Rail Pass」!

彷彿是在說:「對不起,讓你們久等了。」2012 年 4 月正式推出的四國地區專用鐵道周遊券,為外國旅客的我們獻上了一份大禮,憑著這張「All Shikoku Rail Pass」,除了能在指定天數內無限次搭乘四國 JR 列車,也能用來搭乘私鐵與地方電車,能夠同時使用在 JR 與 JR 以外的鐵道,這樣的鐵道 PASS 在日本可是破天荒頭一回!

這使得四國不再是自助旅行高手才能造訪的地方,只要有這一張「All Shikoku Rail Pass」,就能在四國一路暢行無阻。還在等什麼呢?走吧!來去四國!

去瞧瞧龍馬的故鄉、看壯觀的渦潮、大啖正統的讚岐烏龍麵、泡日本最古老的溫泉……。

林幸樺

PART 1

認識四國

基本概念

四個國家——「四國」

　　日本主要由本州、北海道、九州、四國四座大島構成，「四國」是其中最小的一座，面積 18297.59 平方公里，約半個臺灣大。四國的形狀像個大蝴蝶結，與臺灣相似，中央被四國山地所占據，只有周圍偶有平原。因此，自古以來四國便被分割成四個區域（見下表），這也是「四國」名稱的由來。這四個縣各有特色，文化、方言、氣候也皆不相同，共通的是它們都保有恬靜悠閒的鄉土氣息及濃濃的人情味。

　　受到大自然眷顧的四國有著許多精采的自然名勝與豐饒物產，也保有歷史悠久的寺廟神社與祭典文化，陶瓷、和紙、團扇、藍染、紡織等傳統手工藝依然興盛如昔。另外，飲食文化也相當豐富多變，隨著各地的名產與風土孕育出各種特色獨具的鄉土料理，不只能滿足旅客的味蕾，也帶來探索的樂趣。

位置	縣名	古名（別名）	縣府所在地
東北部	香川縣	讚岐國	高松市
西北部	愛媛縣	伊予國	松山市
南部	高知縣	土佐國	高知市
東部	德島縣	阿波國	德島市

　　四國的四大主要城市同時也是四縣的縣府所在地，它們歷史悠久、觀光景點豐富、交通便利，用來作為旅行據點再適合不過。只是這四個縣府市的名稱容易讓人混淆，它們分別是高松市、高知市、松山市、德島市，其中「高松、高知、松山」地名裡既有松又有高的讓人一頭霧水，不過只要親自走訪過這些地方，就會發現到它們有很大的不同。

關於別稱

在古代高知被稱為「土佐」、德島則是「阿波」，這些古名就算到了今天，仍然頻繁地被使用著，比看到正式縣名的機率還要高，所以千萬別誤以為自己來錯地方了！

日本最後的清流「四萬十川」

日本三大秘境之一的「祖谷」

地理位置

　　四國位在本州與九州之間，南面是浩瀚的太平洋，其他三面則隔著瀨戶內海與本州、九州相望。以前四國和本州、九州的往來主要靠海路，就算現在每天仍有眾多的船班頻繁地航行於瀨戶內海上。隨著四國與本州之間架起了跨海大橋之後，現在四國與其他地區的往來變得更加方便，也帶動四國對外的交流。目前除了高知縣，其餘三縣皆有連結本州的大橋，三座橋的路徑如下：

明石大橋

- 神戶淡路鳴門自動車道（供車輛通行）：連結神戶—明石海峽大橋—淡路島—大鳴門橋—德島縣鳴門。
- 瀨戶中央自動車道（供火車、車輛通行）：連結岡山縣—瀨戶大橋—香川縣。
- 西瀨戶自動車道（供車輛通行）：連結廣島縣尾道—島波海道（來島海峽大橋）—愛媛縣今治。

　　有了這三座橋，在規劃旅遊計畫時，要同遊「京阪神＋四國」或「山陽＋四國」，甚至是「山陽＋四國＋九州」等，都是可以列入考慮的方案。

瀨戶大橋

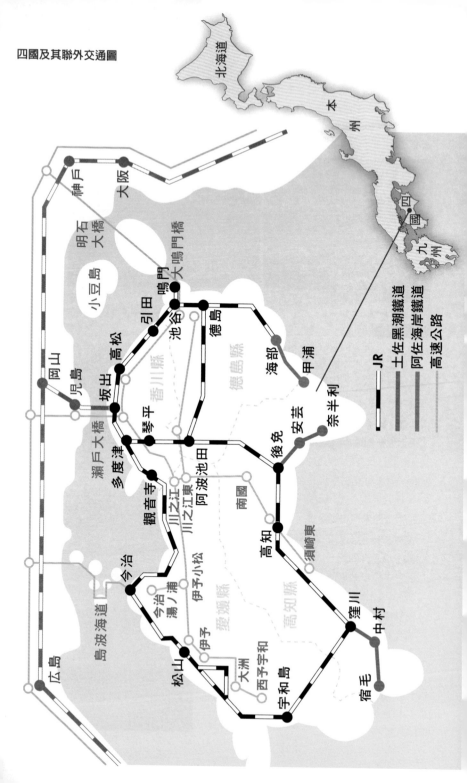

四國及其聯外交通圖

北海道

本州

四國

九州

神戶
大阪
明石大橋
小豆島
岡山
児島
瀨戶大橋
島波海道
広島

大鳴門橋
鳴門
引田
池谷
德島
德島縣
海部
甲浦
室半利
安芸
後免
高松
坂出
琴平
多度津
觀音寺
川之江
阿波池田
阿波池田東
南國
高知
須崎東
今治
今治湯ノ浦
伊予小松
伊予
愛媛縣
大洲
西予宇和
宇和島
高知縣
窪川
中村
宿毛
松山

JR
土佐黑潮鐵道
阿佐海岸鐵道
高速公路

歷史

　　四國歷史悠久，史書記載六世紀時天皇曾親臨愛媛縣的道後溫泉，可知當時的四國已經具備一定的文化與繁榮程度，進入中世之後四國的名字更是頻頻登場，成為源平之戰的最後決戰地。戰國時代的四國由各戰國大名割據，後來由長宗我部元親統一，到了江戶時代在德川幕府的支配下，又重新分封給各個有功將領，分成了德島藩、高松藩、土佐藩及伊予八藩等多個藩，直到近代經過了明治維新的廢藩置縣和多次的府縣整合後，才變成現有的四個行政縣。

氣候

DATA
日本氣象廳
◎ www.jma.go.jp/jma

　　由於地理位置及四國山地的影響，使得四國氣候南北迥異。四國山地以北，屬於溫暖少雨的內海型氣候，就算是冬天也少雪多晴；至於濱臨太平洋的南面，受洋流影響顯得溫暖多雨，到夏天常有颱風登陸，要特別留意。

　　整體而言，春天氣候最好；夏天溫度則在33℃上下，6月開始為梅雨季，雨日較多，7月中梅雨結束天氣開始變炎熱，且可能會有颱風來襲；秋天氣溫舒適；冬天最低溫大概在3℃左右，不算酷寒，只有山間需要特別注意。最適合旅遊的月分是3～5月之間、10～12月之間。

秋天氣候宜人

主要祭典行事

祭典名	時間	地點	祭典概述
宇和島牛鬼祭 （宇和島牛鬼まつり）	7/22～7/24	愛媛縣 宇和島市	由有著巨大牛身與鬼頭的「牛鬼」掃街驅邪祈求平安。後兩天晚上有煙火大會。
夜來祭 （よさこい祭り）	8/9～8/12	高知縣 高知市	高達一萬人以上的遊行隊伍，以華麗的裝扮邊跳舞邊前進，彷彿嘉年華般熱鬧。第一天晚上有煙火大會。
讚岐高松祭 （さぬき高松まつり）	8/12～8/14	香川縣 高松市	晚間有四國最盛大的煙火秀。
阿波舞祭 （阿波おどり）	8/12～8/15	德島縣 德島市	最具代表性的四國祭典，每年吸引十萬人以上參與，大家一起舞動前進，場面壯觀。
金刀比羅宮例大祭	10/10	香川縣 金刀比羅宮	金刀比羅宮每年的定例大祭，神轎會從山上的本宮一路被護送到山下。
新居濱太鼓祭	10/16～10/18	愛媛縣 新居濱市	有數十台被稱為「太鼓台」的巨大山車在人力的拖曳下於市街中巡繞。

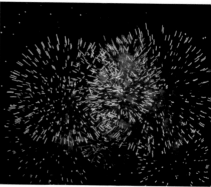

阿波舞祭是全日本最盛大的盆踊祭（德島觀光協會 提供）　　晚間的煙火大會

四國名人

　　四國出身的名人不少，其中最有名的莫過於幾乎等同於四國代名詞的幕末英雄坂本龍馬。其他還有：

- 空海：讚岐國（香川縣）出身，諡號弘法大師，平安時代的大僧，開創了佛教真言宗。
- 長宗我部元親：戰國大將，曾一度統一四國。
- 山內一豐：江戶初期的名將，土佐藩（高知）的初代藩主。
- 中岡慎太郎：與坂本龍馬同為幕末志士，一同為推動新時代而奔走。
- 岩崎彌太郎：幕末時代人物，三菱集團的創立者。
- 約翰萬次郎：幕末時代人物，本名中濱萬次郎，對美日文化交流有莫大的貢獻。
- 板垣退助：明治時代的政治家，自由民權運動的主導者。
- 正岡子規：明治時代的俳人，有許多傑出的俳句作品。
- 橫山隆一、柳瀨嵩（やなせたかし）、柴門文：四國出身的知名漫畫家。

日本人最愛的
英雄坂本龍馬　　土佐藩的第一代藩主山內一豐　　　　　紀念正岡子規的「子規堂」

四國相關文學、影劇作品

　　出發前往四國旅遊之前或之後，不妨找些與四國有關的小說或戲劇來看看，增加一些不一樣的四國印象。

- NHK 大河劇：功名十字路、龍馬傳、平清盛等。
- 連續劇：東京愛情故事、蜂蜜幸運草（臺灣）、坂上之雲、給愛麗絲的奇蹟（臺灣）、遲開的向日葵、為了 N 等。
- 電影：二十四之瞳、在世界的中心呼喊愛、UDON、眉山、與你舞動的夏天、第八日的蟬等。
- 小說：土佐日記、平家物語、少爺、龍馬來了、功名十字路、坂上之雲、永遠的仔、在世界的中心呼喊愛等。

四國特產、美食

- 德島：阿波尾雞、阿波牛、鳴門金時地瓜、鳴門鯛魚、鳴門海帶、藍染、德島拉麵等。
- 香川：讚岐烏龍麵、丸龜團扇、金時蘿蔔、橄欖、醬油、手延素麵、和三盆糖、骨付雞等。
- 高知：半烤鰹魚（カツオのたたき）、土佐刀、土佐雞、皿鉢料理、地瓜糖簽（芋けんぴ）、新高梨、德谷番茄、文旦、柚子等。
- 愛媛：愛媛柑橘（いよかん、みかん）、宇和島鯛魚飯、魚漿片（じゃこ天）、魚板（かまぼこ）、PON JUICE（ポンジュース）、今治毛巾等。

今治毛巾

愛媛魚板

鳴門金時地瓜

德島藍染

砥部燒瓷器

鳴門海帶

行前準備

護照與簽證

　　首次出國還未有護照者，與護照有效期不滿六個月者，都需要向外交部領事事務局申辦新的護照。

申辦護照須備文件
1. 本人親辦。
2. 護照申請書。
3. 身分證正本及正、反面影本。
4. 未滿 20 歲者須準備父或母或監護人的身分證正本及正、反面影本，未滿 14 歲者則還要再準備戶口名簿正本及影本或最近三個月內戶籍謄本正本。
5. 兩吋白底彩色證件照片 2 張。
6. 申請費用臺幣 1,300 元。
7. 役齡男子（19 ～ 36 歲）須帶相關兵役證明文件正本及護照申請書，到國防部或內政部派駐外交部領事局或外交部各辦事處的櫃檯，在護照申請書上加蓋兵役戳記，尚未服兵役者可免持證件直接到櫃檯蓋戳。
8. 非首次申請辦照者需繳交舊護照（護照剩餘效期不足一年者即可申請換照）。

護照

申辦窗口

外交部領事事務局

- 網址：www.boca.gov.tw
- 地址：臺北市濟南路一段 2 之 2 號（中央聯合辦公大樓 3 ～ 5 樓）
- 電話：02-23432888
- 護照申辦受理時間：週一至週五 8:30 ～ 17:00（週三到 20:00）
- 申辦護照工作天：繳費之次半日起算四個工作天（遺失補發則是五個工作天）。
- 備註：可上網查詢最新訊息，至最近的辦事處辦理；若無暇親自辦理，也可查詢委託代辦注意事項。

關於日本簽證

　　日本於 2005 年起開放臺灣民眾免辦簽證前往日本觀光旅遊，一次最長可停留 90 天，不過僅限於「觀光」目的（包含休閒、運動、探親、參觀、講習、開會、業務聯絡等活動），若是有觀光以外目的，如留學、遊學、打工度假、工作等，則需要在赴日前向「日本交流協會」辦理簽證。

日本交流協會臺北事務所

- 網址：www.koryu.or.jp/taipei-tw/ez3_contents.nsf/Top
- 地址：臺北市慶城街 28 號（通泰商業大樓）
- 電話：02-27138000
- 開放時間：9:00 ～ 12:30、13:30 ～ 17:30（例假日休）
- 簽證辦理時間：9:15 ～ 11:30、13:45 ～ 16:00（週五只有早上）

日本交流協會高雄事務所

- 網址：www.koryu.or.jp/kaohsiung-tw/ez3_contents.nsf/Top
- 地址：高雄市和平一路 87 號 9 樓（南和平大樓）
- 電話：07-7714008
- 開放時間：9:00 ～ 12:30、13:30 ～ 17:30（例假日休）
- 簽證辦理時間：9:00 ～ 12:00、13:30 ～ 16:00

機票

大阪－臺灣

　　由於臺灣與大阪關西空港的直飛班次眾多，因此可選擇飛到關西空港，再搭乘巴士或火車前往四國。機票一般依航空公司、票期（10 天票、14 天票、年票等）、艙等、班次時間、訂票方式等而有不同價格，建議多比較，才能以划算的價格取得適合自己行程的機票。

　　航空公司：有傳統與廉價航空公司兩種。目前經營臺灣—大阪航線的傳統航空公司有中華、長榮、復興、國泰、日本等航空公司；廉價航空公司則有捷星、樂桃、虎航、香草等。

高松－臺北

　　目前華航的臺北－高松航線，每周有六個班次，可以直達四國香川縣的門戶高松空港。

岡山－臺北

　　位在本州隔著瀨戶內海、與高松市只有一個小時電車車程距離的岡山市，有虎航從臺北直飛岡山空港，每週三班，可善加利用。

駕照

　　自 2007 年起，臺灣和日本達成了雙方駕照互惠協定，只要持有臺灣發行的有效駕照及駕照日文譯本（護照當然也要隨身攜帶），就可以在日本開車，但是只限在入境日本後的一年內。

駕照譯本申辦方式
· 證件：駕照正本、身分證正本。
· 地點：各公路監理單位皆可申請（可越區申請，不限定戶籍地，當場取件）。
· 費用：臺幣 100 元。

海外旅遊保險

用信用卡刷團費或機票通常都會送旅遊險,但保障會因發卡銀行規定、卡別等而有所不同。基本上信用卡贈送的旅遊險大多只有保障飛行期間,並非全程旅遊意外險,如果不確定手中的信用卡保障為何,可在出發前向信用卡客服問清楚。如果想要購買旅遊險,出發前可以利用網路進行線上投保,也可以到了機場後再至保險公司的櫃檯現場購買。

旅行預算

在日本旅遊最大的支出應該是住宿和交通,其次是餐飲與其他雜支。不過實際上還是要看個人的旅遊型態與目的。在不會太苛刻,也不至於奢侈的情況下,不含購物每人一天可能的必要支出如下:

- 住宿費:4,000 日幣(住宿商務飯店雙人房)。
- 交通費:2,000 日幣(使用 All Shikoku Rail Pass 5 日券)。
- 餐飲費:2,800 日幣(雖然不求奢華但還是要品嚐一下當地料理)。
- 門票:1,500 日幣(參觀兩到三個需要付費的觀光景點)。
- 合計:10,300 日幣 / 天。

日本的提款機並非 24 小時

信用卡、金融卡

雖然藥妝店、飯店等都接受刷卡,不過小型的飲食店、觀光景點門票幾乎都只接受現金交易,多預備一些現金還是比較令人安心。建議只要能刷卡的地方,就把握機會刷下去吧!以免發生現金不足的窘況。在國外刷卡信用卡公司會額外收取海外刷卡手續費,大約是刷卡金額的 1 ~ 1.5%(依各信用卡規定)。

接受跨國提款的標誌

也建議在出國前先向信用卡客服申請開啟海外預借現金功能,以備手上現金不夠時,可以從當地提款機提借日幣現金。除了信用卡,若金融卡上有「PLUS」或「Cirrus」的標誌,就表示該卡片可以在國外提款,提款密碼是提款卡原有的「四碼」磁條密碼(非晶片金融卡的密碼),但必須先向銀行確認自己的金融卡海外提款功能有開通喔!

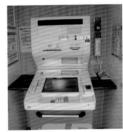

自動提款機

1 2 3 4

1 ～ 2「PLUS」屬於 VISA 系統　　　　3 ～ 4「Cirrus」屬於 MASTER 系統

行李 Check

出發之前，再做一次行李檢查吧！雖然說一些生活用品在日本當地也都可以補足，但事前就張羅妥當還是比較好。為了避免疏漏，最好先按個人需要列出清單來準備行李及進行最後的確認。（◎必帶品）

隨身行李		
護照	◎	確認護照效期是否有六個月以上。
現金（日幣）	◎	不要全部收在一起，最好分兩個以上地方分散風險。
現金（臺幣）		從家裡往返機場的交通費。
信用卡	◎	
提款卡		
旅行支票		
機票	◎	在海關查驗和購買鐵道周遊券時，可能會被要求出示機票。
訂房資料	◎	可寫在隨身筆記本中。
國際學生證、YH 證、航空會員卡		
臺灣駕照與日文駕照譯本		有租車打算者。
證件照與護照影本	◎	證件照準備個 2 ～ 4 張，若護照遺失時使用。
手機	◎	
筆	◎	

筆記本	◎	
計算機		
緊急聯絡電話	◎	可寫在隨身筆記本中。
海外急難救助保險卡	◎	
藥物	◎	止痛藥、腸胃用藥等,以及個人固定用藥。
雨傘或雨衣	◎	
禦寒外套或薄外套或披巾	◎	
折疊式購物袋		
相機、記憶卡	◎	
旅遊書、地圖等參考資料	◎	
筆電或平板電腦		
備用電池		電子產品的備用電池。
環保筷		
行動電源		
託運行李		
換洗衣物	◎	
內衣褲	◎	
帽子、手套		
盥洗用品		飯店通常會提供,但青年旅館之類就得自己準備。
化妝品、保養品、乳液		日本比臺灣乾燥,建議準備乳液、護唇膏,防止肌膚過乾。
吹風機、刮鬍刀		飯店通常會提供。
拖鞋		
備用眼鏡		
拋棄式隱形眼鏡		在日本買有度數的隱形眼鏡必須憑醫生處方箋。
隱形眼鏡清潔液、保養液		
電子產品充電器	◎	手機、相機、筆電等電子產品的充電器。
折疊旅行袋	◎	如果不小心買多了,預備的行李袋會在最後整理時幫上大忙。

四國旅遊實用網站推薦

規劃行程時，雖然到了當地都還可以再蒐集旅遊資訊，但最好在國內就先蒐集好資訊，做好旅行計畫。

日本旅遊活動

■ 日本旅遊活動
visit-japan.jp（中文）
日本觀光廳的官方網站。

■ 背包客棧
www.backpackers.com.tw/forum（中文）
匯集眾多喜好旅遊的網友討論分享自己的旅遊經驗、提供旅遊建議。

■ Google Map
maps.google.co.jp
不論是步行或開車，決定好起點和終點就會自動算出需要時間與移動路線。

■ 日本天氣查詢「Yahoo 天氣」
weather.yahoo.co.jp/weather（日文）
可以查詢日本各地的現在天氣與未來一周的預測天氣。

■ 日本氣象廳
www.jma.go.jp/jma（日、英）
可查詢過去日本各地的歷史天氣。

■ 關西空港利木津巴士
www.kate.co.jp（日、英、中）

■ 巡るめく四国
www.shikoku.gr.jp（日、英、中）
四國綜合觀光網站，提供觀光活動、景點介紹、路線建議、氣候交通、住宿資訊等四國實用觀光資訊。

■ JR 四國

www.jr-shikoku.co.jp（日、英、中）

JR 四國官方網站。

■ 各縣主要觀光網站

高知：www.attaka.or.jp（日、英、中）

德島：www.awanavi.jp（日、英、中）

愛媛：www.iyokannet.jp（日、英、中）

香川：www.my-kagawa.jp（日、英、中）

■ 讚岐烏龍麵遍路

www.shikoku-np.co.jp/udon（日文）

簡介讚岐烏龍麵歷史、讚岐烏龍麵各店家介紹、查詢。

■ 其他

鳴門：www.city.naruto.tokushima.jp/kanko/index2.htm（日文）

大步危祖谷：miyoshinavi.jp（日、英、中）

島波海道：www.go-shimanami.jp（日、英、中）

小豆島：www.shodoshima.or.jp（日文）

直島：www.naoshima.net（日、英）

巡るめく四国

JR 四國

愛媛官網

祖谷官網

HOTEL eco

住宿
安排

PART 2

① 住宿種類

② 如何預訂住宿

住宿種類

　　以下簡單介紹四國常見的幾種住宿型態，大家可按個人的需求選擇適合的住宿。

觀光飯店

　　一般會位在市中心或觀光景點附近，通常規模頗大，甚至擁有餐廳、酒吧、健身房、商務中心等附屬設施，設備齊全，能提供高品質的住宿服務。這類飯店一晚通常不會太便宜，入住前不妨洽詢旅行社看有無套裝行程或上網搜尋是否有優惠方案。

　　除了典型的觀光飯店，在四國也找得到以獨特建築和內裝為特色的「設計旅館」，有的藏於市區當中，有的位在海上小島，有的還隱身在深山林中，雖然交通不便，但仍吸引許多不惜千里迢迢只為留宿一晚的憧憬客。

■ JAL City Hotel 松山（ホテル JAL シティ松山）
　　位於 JR 松山站與松山市站之間，交通便利。
　　・參考房價：雙人房￥15,000 起。
　　・交通：JR 松山站，步行約 10 分鐘。

■ JR Clement 高松（JR ホテルクレメント高松）
　　緊鄰 JR 高松站擁有絕佳的地理位置，從客房可以臨高眺望瀨戶內海與高松市街街景。
　　・參考房價：雙人房￥15,000 起。
　　・交通：JR 高松站，步行約 1 分鐘。

■ Hotel Sunroute 德島（ホテルサンルート德島）

位於德島站正對面，頂樓有溫泉大浴池。

- 參考房價：雙人房￥15,000 起。
- 交通：JR 德島站，步行約 1 分鐘。

■ 7 days Hotel plus

簡單時髦的設計風格非常受到女性歡迎。

- 參考房價：雙人房￥8,980 起。
- 交通：JR 高知站，步行約 15 分鐘；或是土電「播磨屋橋」站，步行約 5 分鐘。

■ 小豆島國際飯店（小豆島国際ホテル）

每個房間都可以望見大海，還有面海的露天風呂。

- 參考房價：雙人房約￥28,000 起。
- 交通：從土庄港搭接駁車 5 分鐘。

■ 新四萬十皇家飯店（新ロイヤルホテル四万十）

臨近四萬十川的西式飯店，用來進行四萬十川觀光很方便。

- 參考房價：雙人房￥14,000 起。
- 交通：中村站，步行約 20 分鐘。

■ Benesse House（ベネッセハウス）

安藤忠雄大師的建築作品，將美術館與旅館合而為一。

- 參考房價：雙人房￥35,000 起。
- 交通：直島宮浦港下船搭町營巴士約 14 分鐘，於「杜鵑花莊」（つづじ莊）站下車，轉接駁巴士約 3 分鐘「BENESSE HOUSE MUSEUM」站下車。

商務旅館

　　由於房價比觀光飯店便宜，位置又多在交通便利的地方，堪稱物美價廉，成為自助旅行者的不錯選擇。商務旅館只有最基本的住宿功能，頂多提供簡易早餐，房間一般不大，有時連想要攤開行李好好整理一番的空間都沒有，但該有的設備如電視、吹風機、網路、熱水壺、毛巾等一應俱全。臺灣人熟悉的日本連鎖商務旅館系統，如東橫 INN、Super Hotel 等，在四國都可找到。

JR 高松站附近有相當多的商務旅館　商務旅館的 C/P 值很高　　　國人熟悉的東橫 INN

■ 東橫 INN

各地都有分館的全國連鎖商務旅館。

· 網站：www.toyoko-inn.com/china

· 參考房價：雙人房￥7,884 起。

· 各分館交通：

　1. 高松兵庫町：從 JR 高松站，步行約 8 分鐘。

　2. 德島站前：從 JR 德島站，步行約 5 分鐘。

　3. 德島站眉山口：從 JR 德島站，步行約 9 分鐘。

　4. 松山一番町：伊予鐵道「勝山町」站，步行約 1 分鐘。

■ Super Hotel（スーパーホテル）

各地都有分館的全國連鎖商務旅館。

· 網站：www.superhotel.co.jp/menu.html#tyugoku

· 參考房價：雙人房￥7,180 起。

· 各分館交通：

　1. 高松禁煙館：琴電瓦町站，步行約 3 分鐘。

　2. 高松田町：琴電瓦町站，步行約 3 分鐘。

　3. 高知：JR 高知站，步行約 4 分鐘。

　4. 松山：伊予鐵道「勝山町」站，步行約 4 分鐘。

■ Business Hotel Palace（ビジネスホテルパレス高松）

JR 高松站附近商務旅館眾多，Business Hotel Palace 是其中之一。

· 參考房價：雙人房￥7,500 起。

· 交通：JR 高松站，步行約 5 分鐘。

■ Business Hotel 瓦町（ビジネスホテル瓦町）
　位在高松市琴電瓦町站前，靠近鬧區，逛街很方便，房
　間空間大，還提供免費的岩盤浴，C/P 值超高。
　・ 參考房價：單人房￥3,400 起。
　・ 交通：琴電瓦町站，步行約 3 分鐘。

離高松站不到 5 分鐘的 Business Hotel Palace

■ Hotel Abisi 松山（ホテルアビス松山）
　位在松山市中心，交通便利，提供自助式早餐吃到飽。
　・ 參考房價：雙人房￥7,500 起。
　・ 交通：伊予鐵道「縣廳前」站，步行 1 分鐘。

日式旅館、溫泉旅館

　　傳統的日式旅館通常要價不菲，每晚每人費用可能在
10,000 ～ 30,000 日圓之間，對想要體驗日本文化的旅客而
言卻是最佳選擇。日式旅館通常包括早、晚兩餐，晚餐通
常會在 18:00 ～ 20:00 之間提供，所以當天行程不能排得太
晚，最好儘早抵達旅館辦理 check in。另外，有些日式旅館
可能會拒絕外國人住宿，或是單獨旅行的客人入住。

Business Hotel 瓦町

　　在四國不妨選擇座落在溫泉區的溫泉旅館吧！如愛媛
縣的道後溫泉、德島縣的祖谷溫泉、香川縣的琴平溫泉，
其中以道後溫泉最有名。在感受濃濃的日本氛圍之餘，還
多了泡湯這項享受。

精心烹調的晚餐

■ 大和屋本店
　道後溫泉區最著名的傳統旅館之一，擁有精心打造的溫
　泉風呂，還提供各種傳統文化體驗。有多間單人房，單
　人投宿不會被拒絕。
　・ 參考房價：雙人房￥32,000 起。
　・ 交通：伊予鐵道「道後溫泉」站，步行約 5 分鐘。

入住日式旅館體驗日本傳統文化

溫泉鄉特有的風景

■ 道後館

出自日本著名建築師黑川紀章之手，揉合江戶和風與現代摩登打造出獨特的風格，是與大和屋齊名的旅館。
- 參考房價：雙人房￥29,000 起。
- 交通：伊予鐵道「道後溫泉」站，步行約 5 分鐘。

■ 茶玻瑠

位在道後溫泉本館正後方，走摩登和風路線，深受女性住客歡迎。
- 參考房價：雙人房￥27,000 起。
- 交通：伊予鐵道「道後溫泉」站，步行約 6 分鐘。

■ 八千代

以美味料理著稱，有單人住宿、女性住宿等住宿優惠方案。
- 參考房價：雙人房￥26,000 起。
- 交通：伊予鐵道「道後溫泉」站，步行約 10 分鐘。

■ 琴參閣

位在琴平溫泉區、金刀比羅宮附近的超大型溫泉旅館。
- 參考房價：雙人房￥20,000 起。
- 交通：JR 琴平站，步行約 10 分鐘。

位在道後溫泉區的大和屋本店　道後館

和陌生人同住多人房

青年旅館、Hostel

青年旅館是最便宜的住宿選擇之一，不過，兩人以上有時選擇商務旅館反而比較划算。青年旅館的好處是有機會跟來自不同地方的旅人交流，適合喜歡結交朋友的人。雖然說青年旅館的房間以多人房為主，但有時也會有單人房、雙人房、四人房等可供選擇，不過共通點是盥洗用具、盥洗用品都需要自己準備。另外，部分青年旅館有門禁和熄燈時間，櫃檯也不是時時都有人在，這些最好都確認清楚。

若是屬於「國際青年旅舍聯盟」的青年旅館，入住時可能會需要 YH 青年旅舍卡。

- 全球數一數二的青年旅館網路預約系統「Hostelworld」：www.hostelworld.com
- 日本國際青年旅館聯盟官網：www.jyh.or.jp/index2fr.html（日文、英文）

■ 小豆島橄欖 Youth Hostel（小豆島オリーブユースホステル）
　　緊鄰海岸，非常受歡迎，評價也高的一間 YH。
- 網站：www.jyh.gr.jp/shoudo
- 參考房價：單人床位￥3,948。
- 交通：從土庄港搭小豆島橄欖巴士 30 分鐘（￥300），「橄欖 YH 前」（オリーブユース前）站下車。

■ Hotel Eco 道後（ホテルエコ道後）
　　位在道後溫泉本館正後方，收費低廉，環境整潔，是想要住在道後溫泉區又不想花大錢的最佳選擇。
- 參考房價：單人床位￥2,500。
- 交通：道後溫泉站，步行約 10 分鐘。

Hotel Eco 道後

其他：民宿、宿坊、野宿

　　「民宿」是私人提供住宅的一部分接待旅客住宿的簡易型旅館，「宿坊」則是寺院提供給香客留宿的房間，通常設備簡單、收費低廉，這些簡單便宜的住宿多位在四國的八十八所巡行途中，入住者許多都是正在進行八十八所巡行的旅行者「遍路者」，而這些住宿點則被稱為「遍路宿」。有些遍路者會捨棄「遍路宿」選擇「野宿」（在野外過夜的意思），這不是在開玩笑喔！就算是在現代，選擇以徒步方式完成八十八所巡行的遍路者依然不少，其中有些人還會挑戰更艱苦的戶外過夜，愛媛縣大洲市的「十夜橋」就是著名的野宿地之一。

■ 小豆島 MARUSE 商務民宿（小豆島ビジネス民宿 マルセ）
　　位在土庄館旁，適合不想花大錢又想在小豆島過夜的人。
- 參考房價：雙人房￥3,890 起。
- 交通：土庄港，步行約 1 分鐘。

如何預訂住宿

應該先決定日期、人數、可接受價位和地點後，再開始展開搜尋。在選擇住宿時，建議就以下幾點綜合考量：

- **住宿預算**：這是旅行中最大的支出之一，將左右這趟旅程的花費總額，以個人的預算為基礎來尋找適合的住宿非常重要。在西式飯店單人房的房價通常只比雙人房略低，而日式旅館的榻榻米房間則通常是算人頭，單人住宿和雙人以上住宿，每晚付出的代價可能幾乎一樣！

- **交通便利性**：如果不是追求特別的住宿體驗，建議住在主要車站附近等交通方便的地方，距離車站步行約 10 分鐘以內能到達的地方更好，以便一早出門馬上就能展開觀光行程。

- **地方特色**：例如到了溫泉區可以考慮選擇入住溫泉旅館，在小鄉小鎮則可以選擇民宿體驗當地風情。

- **行程安排**：由於四國呈不規則近方形，如果想要將四縣一次跑透透，固定住宿在某一城市再以放射狀前往其他地方，在交通來回上難免比較浪費時間，邊玩邊換住宿是比較好的方式，但如果當天移動的距離不是太長，也可以選擇住宿在同一個地方，省去拉行李的麻煩。

找到理想的住宿後，接下來就是預訂的工作，除了阿波舞祭典期間是四國典型的大旺季，其他時期不至於一房難求，不過還是建議及早預訂。預訂住宿主要有傳統方式（請旅行社代勞）、網路搜尋（再利用電話、傳真或 E-mail 預約）、訂房網站三種方法。

好用訂房網站「jalan」

「jalan」（www.jalan.net）是日本利用率數一數二的訂房網站，從高級飯店到青年旅館都可以搜尋得到，並且進行預訂。

步驟 1　進入網頁

www.jalan.net/tn/japan_hotels_ryokan/

步驟 2　選擇縣市和地點

從地圖點選想要入住的區域，也可以直接輸入想要入住的地點、日期、人數搜尋旅館。

步驟 3 搜尋結果顯示

瀏覽符合條件的旅館。也可以從這裡變更入住日期、天數、人數等條件，再度進行搜索，或是在下方選單中 點選更多的條件，例如：是否含餐、房間價格、房間類型與車站距離等做進階搜尋。

步驟 4 細節確認

查看詳細的飯店資訊及再次確認房價，決定好之後按下「預訂」，然後按網頁引導開始預訂動作。

步驟 5 預訂完成

完成預訂後就會收到確認 E-mail。一旦預訂完成，如果要取消，或是有任何變更，一定要記得上網做修改。

日文單字帳【住宿篇】

中文	日文	中文	日文
飯店	ホテル	晚餐	夕食
商務旅館	ビジネスホテル	餐廳	レストラン / 食堂
櫃檯	フロント	行李	荷物
單人房	シングル	毛巾	タオル
雙人房（兩張單人床）	ツイン	吹風機	ドライヤー
雙人房（一張雙人床）	ダブル	洗髮精	シャンプー
雙人房（一張較小雙人床）	セミダブル	沐浴乳	ボディーソープ
三人房	トリブル	浴室	バス / 風呂
吸煙房	喫煙ルーム	電視	テレビ
禁煙房	禁煙ルーム	網路	インターネット
大廳	ロビー	有線網路	有線 LAN
早餐	朝食	無線網路	無線 LAN

如何
往返四國？

臺灣機場出境

顯示報到櫃檯的電子看板

報到櫃檯

櫃檯號碼標誌

Step 1 ▶ 抵達機場

　　前往機場前先確認清楚要搭乘的飛機是從機場的第一航廈或第二航廈起飛，並在起飛前 2 小時抵達機場。

Step 2 ▶ 櫃檯報到

　　抵達機場後，先從入口的電子看板尋找要搭乘航班的櫃檯號碼，帶著行李前往該櫃檯辦理報到手續。辦理報到時，要將護照和機票（電子機票只需給護照即可）交給櫃檯人員，有行李需要託運也是在這時過磅及送上輸送帶。櫃檯人員會交還護照，並給一張登機證及行李託運卡（通常會浮貼在登機證或機票上面），此時報到手續就算完成了。如果有託運行李，記得要去看輸送帶上的行李是否有順利通過 X 光機的檢查。

· **備註**：不可隨身攜帶必須託運的物品：相機腳架、超過 100ml 的液體、刀片等。而相機、筆記型電腦等精密電子產品，建議隨身攜帶。另外，要注意的是備用鋰電池、行動電源必須放在隨身行李，不可託運。

Step 3 ▶ 兌換外幣、購買保險

辦完登機手續後，如果還沒有換日幣或想再多換一些，可以到機場內的銀行櫃檯兌換。想要購買旅遊保險，也可以到機場內的保險公司櫃檯當場辦理。

記得去看輸送帶上的行李是否有通過檢查

Step 4 ▶ 證照查驗與安全檢查

在證照查驗櫃檯，要將護照和登機證一起交給海關人員，對方確認無問題後，會在護照內頁蓋上出境章，再和登機證一起歸還。進行安全檢查時要將隨身行李放在輸送帶上進行 X 光機檢查；若有筆記型電腦，要特別拿出來。旅客本身則是通過金屬偵測門前要先將身上的金屬物品取下置入塑膠袋，與隨身行李一起過 X 光檢查儀。

登機證

· **備註**：旅客身上和隨身行李裡所攜帶的液體（含膠狀及噴霧類物品）單樣不可超過 100 毫升，而且必須裝在完全密封的透明塑膠袋內。在通過安檢線時要特地從隨身行李中取出放在置物籃內，讓檢查人員和 X 光檢查儀檢查。如果所帶液體是嬰兒奶品、藥物、醫療需要品，向安檢人員申報獲得同意後，可以不受上述限制。

前往登機

安全檢查

Step 5 ▶ 前往登機口與登機

依據登機證上標示的登機口及登機時間登機，當登機廣播通知時，就可以依序開始登機。

沿著機場指標前往登機口候機

登機口

日本機場入境

　　重點與訣竅就是：「沿著指標走」或「跟著人群走」。有時候都還沒察覺發生了什麼事，人就已經順利到了機場外也說不定呢！

Step 1 ▶ 入境查驗（入國審查）

　　如果是由關西空港入境，要先搭一小段接駁電車才會到達入國審查所在地。

　　審查通道分為日本人和外國人專用兩種，請在外國人通道的位置排隊，並將自己的護照和飛機上空服員發給你填寫的「外國人入國記錄卡」及「攜帶品、別送品申告書」準備好，輪到自己時一並交給審查人員審查。

　　同時還有兩項步驟：指紋採集及顏面攝影。另外，審查員可能會詢問旅行細節，因此來回機票、住宿（如旅館訂房記錄等）等資訊最好準備好，只要誠懇說明來日本的目的，清楚交代住處即可。

　　當上述所有程序順利結束後，審查員會在護照上蓋上入境章。拿回護照後，入境審查就算結束了，可以前往行李領取處提取行李。

外國人入國記錄卡（正面）

外國人入國記錄卡（背面）

Step 2 ▶ 領取行李

在前去行李領取處的途中會有顯示行李資訊的看板，上頭會顯示各航班的號碼與對應的行李轉盤號碼，依照號碼前去行李轉盤領取行李。如果自己的行李發生破損或沒有出現時，就要拿出在臺灣機場櫃檯的行李託運卡向航空公司要求協助。

跟著路標前往行李領取處

行李轉盤

Step 3 ▶ 通過海關（稅關檢查）

海關分有紅色通道與綠色通道，一般走綠色通道，如果有帶必須申告的物品就要走紅色通道。通過時要將護照與「攜帶品、別送品申告書」一起交給海關人員，有時對方會問一些問題，如果聽不懂可以要求對方改用英文詢問，不要隨意點頭或搖頭；有時候也會被要求打開行李，只要依照指示配合檢查，入境手續就算完成了。

Step 4 ▶ 進入航廈大廳＆離開機場

順著指標進入航廈大廳後，接下來就是準備離開機場，要搭電車、巴士或計程車都能在大廳裡找到指標。另外機場大廳內通常會設置租車或租借手機的櫃檯，有需要可以在這裡辦理。

機場內的租車櫃檯

日本機場出境

結束旅程要從日本機場搭機返回臺灣，順序跟出發時從臺灣機場出境差不多。

Step 1 ▶ 抵達機場

請在飛機起飛前2小時到達機場。關西空港國際航線的出發樓層在四樓。

Step 2 ▶ 櫃檯報到＆辦理登機手續

確認自己搭乘的航班，到航班櫃檯辦理登機手續與託運行李。辦完登機手續後，如果時間還很充裕，可以在機場內逛一下，但絕對要注意時間，建議還是等通過證照查驗到了免稅區後再慢慢逛吧！

到櫃檯辦理報到手續

關西空港的二、三樓有不少餐廳

Step 3 ▶ 安全檢查

進行安全檢查時要將隨身行李放在輸送帶上進行 X 光機檢查，旅客本身也要通過金屬偵測門。

Step 4 ▶ 證照查驗（出國審查）

將護照和登機證一起交給海關人員，確認無問題後，護照內頁會蓋上出境章後一起歸還給你。

· **備註**：有時候遇到起飛班機多或日本出國高峰時，證照查驗前會大排長龍，所以一定要預留充沛時間，以免趕不上飛機。

Step 5 ▶ 前往登機口與登機

在關西空港從出國審查的地方到登機口，還需要坐一段接駁電車。途中有一些免稅店可以逛，但務必留意時間，在登機時間前抵達登機口。

日文單字帳【機場篇】

中文	日文
機場	空港
航站大樓	空港ターミナルビル
出境大廳	出発ロビー／出発口
入境大廳	到着ロビー／到着口
護照	パスポート
入境手續	入国手続
電梯	エレベーター
行李領取處	手荷物受取所／手荷物引渡場
海關檢查	税関検査
航班班次	便名
入境卡	入国カード

如何到四國？

從臺灣前往四國，可以選擇航班最多的桃園—大阪航線，抵達大阪關西空港後再搭乘利木津巴士或用其他方式前往四國；也可以選擇搭乘從臺灣直飛四國島內機場的飛機，目前有臺灣直飛高松的飛機。

從日本其他地區進入四國，則有海陸空多種方法、多條路線可以利用，想要同時旅遊四國與四國以外的地區，可配合本書提供的交通方式，選擇最完善的旅遊計畫。

從關西空港

由關西空港出發前往四國主要城市，以利木津巴士最方便，有分別直達德島市或高松市的巴士。

若是要前往松山市或是高知市，則需先抵達德島市或高松市後再轉車前往，或者是先到大阪，再從大阪搭高速巴士前往。

· 關西空港利木津巴士：www.kate.co.jp（日、英、中）

從	搭乘	到	時間	班次	車資
關西空港	利木津巴士	JR 高松站	3 小時 35 分	1 天 6 班	￥5,150
		JR 德島站	2 小時 45 分	1 天 9 班	￥4,100
		JR 大阪站	1 小時	1 小時 2~3 班	￥1,550
JR 大阪站	高速巴士	JR 松山站	6 小時	1 天 9 班	￥6,900
		JR 高知站	5 小時 15 分	1 天 12 班	￥6,150

省錢 Tip

若選擇先到大阪再從大阪搭高速巴士前往松山市或高知市，可以在關西空港一樓的利木津售票窗口，購買機場到大阪與大阪到松山或高知的套票，比分開買節省 ¥1,000 以上，而且兩張票不一定要同一天使用，只要兩天內都有效。

從四國各機場到市區

四國各縣都擁有自己的機場，且都在主要城市附近，交通往來以機場巴士為主，只要 30 分鐘左右就能抵達市中心。

從	搭乘	到	時間	車資
松山空港	利木津巴士	JR 松山站	15 分	¥310
		松山市站	23 分	¥410
		道後溫泉站	40 分	¥460
高知空港	利木津巴士	JR 高知站	25 分	¥720
德島空港	利木津巴士	JR 德島站	30 分	¥440
高松空港	利木津巴士	JR 高松站	45 分	¥760

高知龍馬機場

利木津巴士

從日本國內

想要從日本其他地區進出四國，一般都採用巴士或鐵路的方式，也可乘坐日本的國內線飛機，但費用高昂，適合預算充足的人。巴士快速便宜，免轉車就可以直達目的地，搭乘夜間行駛的夜行巴士還可節省一晚的住宿

並獲得充裕的時間。利用鐵道的話，不管從京都、大阪、神戶或從其他任何地方，一律都要先抵達本州的岡山（JR 岡山站），再在岡山轉乘經 JR 瀨戶內海線的特急或快速列車進入四國。

1. 從京阪神

京都、大阪、神戶都有直接開往四國各主要城市的長途巴士，是最便利便宜的方法。如果想利用 JR 前往四國，則以 JR 岡山站為目的地，然後再從岡山站轉車前往（請見 2. 從山陽）。但如果要從京阪神進入德島，搭乘經由淡路島的長途巴士前往德島，相對省時有效率。

從	搭乘	到	時間	車資
JR 京都站	高速巴士	松山市站	5 小時 30 分	￥7,200
JR 大阪站	高速巴士	松山市站	5 小時 10 分	￥6,900
三宮 BT	高速巴士	松山市站	4 小時	￥6,400
從	搭乘	到	時間	車資
JR 大阪站	高速巴士	JR 高知站	5 小時 10 分	￥6,150
JR 京都站	高速巴士	JR 高知站	5 小時 20 分	￥6,700
三宮站	高速巴士	JR 高知站	4 小時	￥5,650
從	搭乘	到	時間	車資
JR 京都站	高速巴士	JR 德島站	3 小時	￥4,200
JR 大阪站	高速巴士	JR 德島站	2 小時 45 分	￥3,700
三宮站	高速巴士	JR 德島站	1 小時 45 分	￥3,300
JR 大阪站	高速巴士	鳴門公園口	2 小時 10 分	￥3,250
JR 大阪站	高速巴士	阿波池田	3 小時 40 分	￥4,650
從	搭乘	到	時間	車資
JR 京都站	高速巴士	JR 高松站	3 小時 40 分	￥4,950
JR 難波站	高速巴士	JR 高松站	3 小時 15 分	￥3,900
三宮站	高速巴士	JR 高松站	2 小時 50 分	￥3,700
神戶新港第三突堤	船	坂手港（小豆島）	3 小時 10 分	￥1,990
神戶新港第三突堤	船	高松東港	4 小時 30 分	￥1,900
從	搭乘	到	時間	車資
JR 大阪站 ~JR 京都站	高速巴士（夜行）	JR 高知站	7 小時 20 分 ~ 9 小時	￥6,150~6,700
JR 大阪站 ~JR 京都站	高速巴士（夜行）	中村站	8 小時 40 分 ~ 10 小時	￥9,300~9,800
JR 大阪站 ~JR 京都站	高速巴士（夜行）	JR 松山站	7 小時 ~ 8 小時 30 分	￥6,900~7,200
神戶新港第三突堤	船（夜行）	高松東港	4 小時 15 分	￥2,290

夜行巴士座位舒適

往返大阪、京都與四國間的
高速巴士

高速巴士售票處

2. 從山陽（姬路、岡山、廣島）

與四國只隔著瀨戶內海的山陽地區，不論是利用鐵路、巴士、船、開車等交通方式進入四國都相當方便。搭乘火車的話，新幹線也會停靠的岡山站是搭乘 JR 進入四國的重要門戶，每天都有許多班次從岡山站出發開往四國四大城市，1 小時兩班的快速列車「Marine Liner」是最佳選擇。

坐國內線飛機是最快的方法，但費用高昂

從	搭乘	到	時間	車資
JR 岡山站	JR	JR 松山站	2 小時 40 分	¥ 6,310
JR 岡山站	JR	JR 高知站	2 小時 25 分	¥ 5,440
JR 岡山站	JR	JR 德島站	2 小時	¥ 4,030
JR 岡山站	JR	JR 高松站	55 分	¥ 1,510
JR 岡山站	高速巴士	JR 松山站	2 小時 55 分	¥ 4,400
JR 岡山站	高速巴士	JR 高知站	2 小時 30 分	¥ 3,600
JR 岡山站	高速巴士	JR 德島站	2 小時 35 分	¥ 3,300
廣島 BC	高速巴士	JR 今治站	2 小時 40 分	¥ 3,700
廣島 BC	高速巴士	JR 高知站	4 小時	¥ 6,700
廣島 BC	高速巴士	JR 德島站	4 小時 10 分	¥ 6,150
廣島 BC	高速巴士	JR 高松站	3 小時 35 分	¥ 4,100
JR 福山站	高速巴士	JR 今治站	1 小時 25 分	¥ 2,500
JR 福山站	高速巴士	JR 松山站	3 小時	¥ 3,900
JR 新尾道站	高速巴士	JR 松山站	2 小時 10 分	¥ 3,700
宇野港（岡山）	船	高松港	1 小時 5 分	¥ 690
廣島港	渡輪	松山觀光港	2 小時 40 分	¥ 3,600
廣島港	快速艇	松山觀光港	1 小時 10 分	¥ 7,100
姬路港	船	福田港	1 小時 40 分	¥ 1,520

3. 從九州

九州與四國以瀨戶內海相隔，但與四國並無橋樑相連，因此從九州無法直接靠陸路前往四國，必須經由本州進入，搭乘 JR 的話則須先到岡山，再從岡山轉進。此外，有不少船班往返四國、九州，可以善加利用。

從	搭乘	到	時間	車資
JR 博多站	高速巴士（夜行）	JR 松山站	10 小時	￥8,200
JR 博多站	高速巴士（夜行）	JR 高知站	9 小時 15 分	￥10,800
JR 博多站	高速巴士（夜行）	JR 高松站	10 小時	￥8,500
福岡空港	飛機	松山空港	40 分	￥25,800
福岡空港	飛機	高知龍馬空港	55 分	￥28,900
福岡空港	飛機	德島阿波空港	1 小時	￥28,900
鹿兒島空港	飛機	松山空港	1 小時	￥30,100
新門司港	船（夜行）	津田港（德島）	14 小時 30 分	￥8,900
小倉港（福岡）	船（夜行）	松山觀光港	7 小時 5 分	￥5,860
佐賀關港（大分）	船	三崎港（愛媛）	1 小時 10 分	￥1,070
別府港（大分）	船	八幡浜港（愛媛）	2 小時 50 分	￥3,100
臼杵港（大分）	船	八幡浜港（愛媛）	2 小時 20 分	￥2,310

渡輪

各縣間也可靠高速巴士往來

四國各縣交通

四國島內各縣之間的往來可透過 JR 鐵道，快速且班次眾多的特急是最佳選擇。另外，往松山、高知、德島、高松四大城市之間都有高速巴士行駛，比起 JR 免去了轉車的麻煩，有些路線的搭乘時間甚至比搭乘 JR 縮短不少，費用也相對節省。

從	搭乘	到	時間	車資
JR 松山站 ↔ JR 高知站	JR	特急潮風 + 特急南風（多度津轉車）	4 小時 5 分	¥ 9,230
	JR	特急宇和海 + 普通 + 特急足摺（窪川、宇和島轉車）	約 6 小時	¥ 7,160
	高速巴士	南國 Express（なんごくエクスプレス）	2 小時 30 分	¥ 3,600
JR 高知站 ↔ JR 德島站	JR	特急南風 + 特急劍山（阿波池田轉車）	2 小時 35 分	¥ 5,340
	高速巴士	高知德島 Express（高知德島エクスプレス）	2 小時 40 分	¥ 3,600
JR 德島站 ↔ JR 高松站	JR	特急渦潮	1 小時	¥ 2,640
	高速巴士	高德 Express（高德エクスプレス）	1 小時 35 分	¥ 1,650
JR 高松站 ↔ JR 松山站	JR	特急石鎚	2 小時 30 分	¥ 5,670
	高速巴士	少爺 Express（坊ちゃんエクスプレス）	2 小時 40 分	¥ 4,000
JR 高松站 ↔ JR 高知站	JR	快速 Sun Port + 特急南風（多度津轉車）	2 小時 20 分	¥ 4,580
	JR	特急四萬十	2 小時 25 分	¥ 4,910
	高速巴士	黑潮 Express（黑潮エクスプレス）	2 小時 10 分	¥ 3,400
JR 德島站 ↔ JR 松山站	JR	特急渦潮→特急石鎚（高松轉車）	3 小時 45 分	¥ 8,250
	高速巴士	吉野川 Express（吉野川エクスプレス）	3 小時 10 分	¥ 4,400

四縣交通鐵道圖

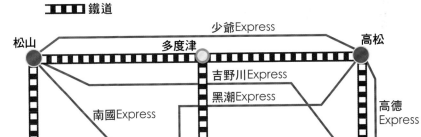

PART 4

前所未有！
四國鐵路周遊券
All Shikoku Rail Pass

什麼是「四國鐵路周遊券 All Shikoku Rail Pass」?

集合四國 JR 鐵道及當地私鐵等六家鐵道運輸公司,共同推出的 FREE PASS,終於在 2012 年 4 月正式發行了!

「All Shikoku Rail Pass」有 2 ～ 5 天四種票期,最划算的 5 天券平均下來一天的成本只要￥2,000!比過去最便宜的四國周遊券「生日 PASS」(3 days ￥10,280)還划算,也比 FREE PASS 中日額最低的青春 18(5 days ￥11,850)還要便宜!而且還能乘坐其他鐵道公司的列車,根本就是流血大放送!

使用「四國鐵路周遊券 All Shikoku Rail Pass」的優點

1. 大幅節省交通費:以前進行四國旅行,交通費是一筆非常龐大的開銷,有了「All Shikoku Rail Pass」之後,交通費不再是四國旅行最大的障礙。

2. 節省時間:持「All Shikoku Rail Pass」就不用怕負擔高額的特急費用,而選擇搭乘慢吞吞的普通列車,可大幅縮短兩地之間的移動時間。

3. 減少搬運行李的次數:像是高松與德島之間搭乘特急單程約 1 小時,要一日之內同遊松山與高松也可以輕鬆辦到,如此一來就能免去不斷更換住宿與搬運行李的麻煩。

· **備註**:本來搭乘「特急」列車時除了基本車資「乘車料金」,還要再付一筆「特急料金」(如果要坐指定席還要再加指定席費用);而搭乘特急等級以下的車輛如「快速」、「普通」等,則只需支付基本的「乘車料金」。

販賣對象

　　持有日本以外國家政府或其他機構發行的護照，來日本進行短期停留的外國旅客（例外對象：具有留學簽證、在學簽證、打工度假簽證等長期居留資格的人）。

票種

· 網站：shikoku-railwaytrip.com/tw/railpass.html
　　有 2 天券、3 天券、4 天券、5 天券共四種票券可以選擇。

	日本以外地區購買		日本購買	
	大人	6 歲~ 11 歲兒童	大人	6 歲~ 11 歲兒童
2 日	¥7,400	¥3,700	¥7,900	¥3,950
3 日	¥8,500	¥4,250	¥9,000	¥4,500
4 日	¥9,400	¥4,700	¥9,900	¥4,950
5 日	¥10,000	¥5,000	¥10,500	¥5,250

　　必須連續使用，例：2 日券不能在 10/1 與 10/3 分開使用。
　　同一個人可以購買兩張以上，例：行程總共安排 7 天，可購買一張 5 日券加一張 2 日券來使用。

使用範圍

1. 可自由搭乘 JR 四國全線的特急列車、快速列車、普通列車。
2. 可自由搭乘伊予鐵道、土佐電氣鐵道、土佐黑潮鐵道、阿佐海岸鐵道、高松琴平電氣鐵道。
3. 可免費預約 JR 四國特急列車、土佐黑潮鐵道特急列車的指定席，無須另付指定席費用。

鐵路公司	簡稱	主要運駛地區
四國旅客鐵道	JR 四國	四國全境
伊予鐵道	伊予鐵	愛媛市區及市郊
土佐電氣鐵道	土電	高知市區及市郊
土佐黑潮鐵道（土佐くろしお鉄道）	黑鐵（くろ鉄）	高知縣東部及西南部
阿佐海岸鐵道	阿佐鐵	高知縣東部
高松琴平電氣鐵道	琴電	高松市區及高松~琴平之間

使用限制

以下路線無法使用「All Shikoku Rail Pass」，需要另外付費。

1. 行駛於東京與高松之間的寢臺列車「sunrise 瀨戶號」（サンライズ瀨戶）。
2. 少爺列車。
3. 各鐵道公司所經營的路線巴士。
4. JR 瀨戶大橋線兒島站以北的路線屬於 JR 西日本，不在周遊券的使用範圍之內，需要另外支付車資。例：從高松出發經兒島站前往岡山方向，需支付從兒島站到岡山站之間的車資（￥500）。

其他優惠

在購票時出示 All Shikoku Rail Pass 時可獲得以下優惠：
· 【松山－高知】高速巴士「南國 Express」的單程優惠票價￥1,000（原票價￥3,600）。
· 【德島港－和歌山港】南海渡輪單程優惠票價￥1,400（原票價￥2,000）。
· 【松山港－廣島港】石崎汽船與瀨戶內海汽船的高速船單程優惠票價￥3,800（原票價￥7,100），渡輪優惠票價￥2,000（原票價￥3,600）。

以兒島站作為分界

Warp 德島支店

有了這張 All Shikoku Rail Pass 就能夠輕鬆玩四國了

購買方式

日本以外

可在出國前先在臺灣的銷售點購買換票證，進入日本後再到以下的 JR 四國主要車站或 JR 四國旅遊服務中心（Warp）兌換。

換票地點

換票地點	受理時間	
	周一 ~ 周五	周末例假日
JR 高松站	4:20~23:00	
Warp 高松支店	10:00~18:00	10:00~17:00
坂出 Warp Plaza	10:00~18:00	10:00~14:00 15:00~18:00 （僅週六營業）
JR 松山站	4:50~23:20	
Warp 松山支店	10:00~18:00	10:00~17:00
JR 高知站	4:30~23:00	
Warp 高知支店	10:00~18:00	10:00~17:00
JR 德島站	5:30~20:30	
Warp 德島支店	10:00~18:00	
Warp 梅田支店 （JR 大阪站附近）	10:00~17:30	10:00~17:30 （僅週六營業）

日本國內

可直接在 JR 四國主要車站與 JR 四國旅遊服務中心購買。

· **備註**：無論是兌換或直接購買，都須出示護照！

如何使用「四國鐵路周遊券 All Shikoku Rail Pass」?

開票

「All Shikoku Rail Pass」需於購買日起三個月內完成兌換。

兌換或直接向旅遊服務中心購買「All Shikoku Rail Pass」時，需告知開始的使用日期，服務人員就會在票券印上開始的使用日期，票券就從這一天開始生效。

指定席預約

「指定席」指的是列車上需要事先劃位的位子，特急列車或是觀光列車上通常都會提供這種可劃位的位子。跟「指定席」相反的是「自由席」，不用劃位只要有空位就可以坐下。如果想要確保搭乘特急列車時一定有位子可以坐，可以在搭乘前先進行劃位（當天或搭車前一個月內都可以預約），預約完成後會拿到指定席券。觀光列車、觀光小火車通常都是全車指定席，請在搭乘前進行劃位。

持周遊券預約指定席不需要另外付費，但如果是搭乘特急列車的綠色車廂（商務車廂）的話，則要另外支付綠色車廂的費用以及特急列車的特急費用，若是搭乘普通列車、快速列車的綠色車廂（例：伊予灘物語、瀨戶大橋麵包超人 Torocco、快速 Marine Liner 等）則要另外支付綠色車廂的費用。

提供劃位服務的地點有

JR 四國各車站的綠色窗口（購票服務窗口）、各旅遊服務中心（各 Warp 支店），以及土佐黑潮鐵道的中村站、宿毛站、安藝站。

- **備註：** 指定席預約時可以先在紙條上寫好想要搭乘的時間或車次，以及起終點站名後，再交給窗口人員，請窗口人員幫忙劃位，如果不曉得該搭哪班車也可以請他們幫忙查詢。

劃位字條範例

下記の指定席の予約をお願いします。

利用人數：　　3　　名　　（人數）

乗車駅：**高松**　駅から　（出發地：高松站）

降車駅：**松山**　駅まで　（目的地：松山站）

乗車日：5　月　2　日　（搭乘的日期）

希望時間：　　　出発　　　到着（搭乘班次的時間）

希望列車：**特急いしづち13号**

（搭乘的列車名稱與車次，如果不確定名稱和車次，可以只寫列車發車時間，或是只寫大約想要出發、抵達的時間都可以）

驗票

在日本搭電車跟在臺灣一樣，通常是進出站時各驗票一次，偶爾在列車裡進行查票。「All Shikoku Rail Pass」因為無法通過自動驗票閘口，進出站時一律需要由人工驗票（JR四國車站多以人工驗票居多，有自動驗票閘口的車站不多）。

- **備註：** 有時車內驗票時，列車人員會再問上一句話，十次有九次會問要搭往哪裡？（就算明知對象是外國人還是會用日文問話，這就是日本人不可思議的地方）這時候只要回答站名或目的地就可以了，如果不知道日文發音，寫給他看或直接拿出地圖指出來也可以。

主要車站站名拼音

中文	日文平假名	羅馬拼音	中文	日文平假名	羅馬拼音
松山	まつやま	matsuyama	鳴門	なると	naruto
今治	いまばり	imabari	池谷	いけのたに	ikenotani
內子	うちこ	uchiko	阿波池田	あわいけだ	awaikeda
宇和島	うわじま	ucwajima	大步危	おおぼけ	oboke
高知	こうち	kochi	高松	たかまつ	takamatsu
窪川	くぼかわ	kubokawa	宇多津	うたづ	utazu
中村	なかむら	nakamura	丸龜	まるかめ	narukame
江川崎	えかわさき	ekawasaki	多度津	たどつ	tadotsu
德島	とくしま	tokushima	琴平	ことひら	kotohira

關於「退票」

1. 換票證、周遊券上所記載的內容不得做塗改、變更。如果想要更改票券種類或開始的使用日期，必須進行「退票」手續，退票之後再重新購票。
2. 周遊券如失竊、遺失或已部分使用，不得申請退款或補發。
3. 換票證尚未兌換成周遊券時，可於購買日起 1 年內向原開票旅行社辦理退票。
4. 換票證已兌換為周遊券時，必須在周遊券上的開始使用日之前到換票地點進行退票，退票時會收取周遊券價格的 10% 做為退票手續費。如果過了周遊券上開始使用日則無法辦理退票。

其他優惠鐵道票券

票券名稱	誕生月票券	四國再發現早鳥票券	四萬十・宇和海 FREE 票券	琴電 JR Kururin 票券
日文	バースデイきっぷ	四国再発見早トクきっぷ	四万十・宇和海フリーきっぷ	ことでん・JR くるり～んきっぷ
販售地點	日本國內	日本國內	日本國內	日本國內
販售期間	全年	全年	全年	全年
有效期間	連續三日*	一日（限週末例假日，須在出發日前的前一天～一個月內先買票）	連續三日	一日
使用範圍（鐵道）	可不限次數搭乘 JR 四國全線與土佐黑潮鐵道全線的特急列車和普通列車的 GREEN CAR、指定席、自由席	可不限次數搭乘 JR 四國全線與土佐黑潮鐵道【窪川 - 若井】區間的快速列車、普通車自由席	可不限次數搭乘 JR【宇和島 - 江川崎 - 若井】與土佐黑潮鐵道【宿毛 - 中村 - 窪川】區間的特急列車、普通列車自由席	可不限次數搭乘高松琴平電鐵全線與 JR 四國【志度 - 高松 - 多度津 - 琴平】區間內的普通列車自由席
使用範圍（巴士）	JR 四國巴士【大栃線（土佐山田 - 麵包超人博物館 - 大栃）、久萬高原線（松山 - 久萬高原 - 落出）】區間	JR 四國巴士【大栃線（土佐山田 - 麵包超人博物館 - 大栃）、松山高知急行線（松山 - 久萬高原 - 落出）】區間	宇和島自動車巴士【宇和島 - 宿毛】區間	無
票券價格	￥10,280	￥2,060	￥3,700	￥1,960
票價／日	￥3,427	￥2,060	￥1,233	￥1,960

票券名稱	週末自由席早鳥票券	青春 18	JR PASS【全國版】
日文	週末自由席早トクきっぷ	青春 18 きっぷ	ジャパンレールパス
販售地點	日本國內	日本國內	日本以外
販售期間	全年	春夏冬	全年
有效期間	連續二日（啟用日須為週末例假日，須在出發日前的前一天～一個月內先買票）	效期內任五天／次*	連續七日
使用範圍（鐵道）	可搭乘高松、德島之間的特急列車、普通列車自由席來回一次	可不限次數搭乘日本 JR 全線快速列車、普通列車自由席	可不限次數搭乘日本 JR 全線新幹線（"Nozomi 號"、"Mizuho 號"除外）、特急列車、快速列車、普通列車的指定席、自由席
使用範圍（巴士）	無	無	JR 巴士公司經營的地方路線巴士，不包含高速巴士
票券價格	¥2,680	¥11,850	¥29,110
票價／日	¥1,340	¥2,370	¥4,158

＊註 1：「誕生月票券」連續三天：開始使用日需在生日當月，除了壽星本人，同行者也可享此優惠（最多三人）。

＊註 2：「青春 18」效期內任五天／次：可以 1 人任選五天使用，也可以多人共用。例如：1 人使用 2 天，之後和朋友共 3 人使用一天。

綠色窗口

指定席券與印戳

松山站全靠人工驗票

車內也會查票

PASS 無法通過自動閘門

持 PASS 時要走工作人員窗口旁邊的通道

四國鐵道路線
（均可使用「四國鐵路周遊券 All Shikoku Rail Pass」）

　　四國島內的鐵道、公路密度並不高，但要靠鐵道與巴士來往各主要城市、觀光景點已經非常足夠了。除了 JR 四國，還有土佐黑潮鐵道、阿佐海岸鐵道、高松琴平電氣鐵道、伊予鐵道及土佐電氣鐵道這五個私鐵系統，不過只有 JR 是屬於大範圍全區性的運輸系統，其他則是屬於地方性質的運輸系統。

阿波池田站

享受翻山越嶺的樂趣

大步危站

著名的濱海車站下灘站

四國鐵道路線圖

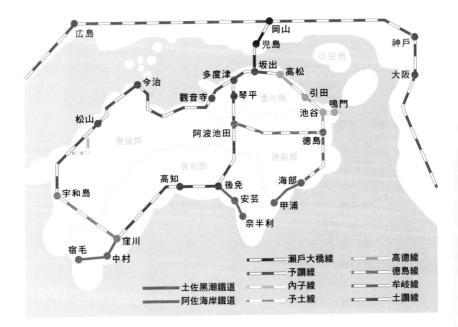

瀨戶大橋線
予讚線
內子線
予土線

土佐黑潮鐵道
阿佐海岸鐵道

高德線
德島線
牟岐線
土讚線

JR 四國

· 網站：www.jr-shikoku.co.jp

　　擁有的鐵道路線最多，連結了四國各主要城市，最適合做中長程移動。
JR 四國鐵道路線名稱多是取縣名或縣名別稱裡的其中一個字來命名，例如連
結愛媛縣（別稱「伊予」）與香川縣（別稱「讚岐」）之間的路線，叫做「予
讚線」，連結愛媛線與高知縣（別稱「土佐」）之間的路線，則叫做「予土線」。

　　以下介紹 JR 四國的各路線。

主要幹線

· **瀨戶大橋線**：是由本州進入四國唯一的鐵道路線。經由瀨戶大橋從本州
的岡山縣的岡山站到香川縣的高松站這一段被稱為「瀨戶大橋線」，以
途中的兒島站為界，岡山站到兒島站之間屬 JR 西日本公司，兒島站以南
才算是 JR 四國管轄。

· **予讚線**：連結香川縣與愛媛縣。從香川縣的高松站經愛媛縣的松山站一
直到宇和島站為止，是 JR 四國鐵道路線中總距離最長的。

- **高德線**：連結香川縣的高松站與德島縣的德島站。與予讚線、土讚線同為四國境內重要鐵道幹線。
- **土讚線**：連結了香川、德島、高知三個縣。從香川縣的多度津站往南，經阿波池田站、高知站，一直到高知縣的窪川站為止，是四國鐵道中最重要的路線之一。

地方支線

- **予土線**：行駛於高知縣窪川站與愛媛縣宇和島站之間。其中一段剛好沿著四萬十川的河岸行駛，又被稱為「四萬十綠色路線」（しまんとグリーンライン）。
- **內子線**：行駛於愛媛縣內新谷站－內子站，夾在予讚線中間，連接大洲市與內子町。
- **鳴門線**：行駛於德島縣內池谷站－鳴門站，欲往鳴門大橋要搭乘此線。
- **德島線**：行駛於德島縣內德島站－阿波池田站，從德島出發往祖谷地區會經過這條路線。
- **牟岐線**：行駛於德島縣內德島站－海部站，負責連接德島市、小松島市、阿南市之間的運輸。牟岐線的終點海部站之後，海部站到甲浦站之間則是由另一間鐵道公司阿佐海岸鐵道負責營運。

JR 四國各特急、快速列車說明與介紹

車種	列車名稱	日文	羅馬拼音	行駛區間	主要行走路線	備註
特急	潮風	しおかぜ	SHIOKAZE	岡山站→今治站→松山站	予讚線	宇多津站（或多度津站）到松山站區間會與「石鎚」併結運駛。
	石鎚	いしづち	ISHIDUCHI	高松站→松山站	予讚線	宇多津站（或多度津站）到松山站區間會與「潮風」併結運駛。
	宇和海	うわかい	UWAKAI	松山站→宇和島站	予讚線	伊予站到伊予大洲站區間行駛於內子線。
	南風	なんぷう	NANPU	岡山站→高知站→中村站→宿毛站	土讚線	部份班次會與「四萬十」併結運駛。

車種	列車名稱	日文	羅馬拼音	行駛區間	主要行走路線	備註
特急	四萬十	しまんと	SHIMANTO	高松站→高知站→中村站	土讚線	部份班次會與「南風」併結運駛。
	足摺	あしずり	ASHIZURI	高知站→中村站→宿毛站	土讚線	
	渦潮	うずしお	UZUSHIO	高松站→德島站	高德線	有少數幾班從岡山發車。
	劍山	つるぎさん	TSURUGISAN	德島站→穴吹站→阿波池田站	德島線	
	室戶	むろと	MUROTO	德島站→牟岐站→海部站	牟岐線	海部站與牟岐站區間為每站停車。
寢臺特急	Sunrise 瀨戶	サンライズ瀨戶	SUNRISE SETO	東京站→高松站		
快速	Marine Liner	マリンライナー	MARINE LINER	岡山站→高松站	瀨戶大橋線	
	Sun Port / Sun Port 南風 Relay 號	サンポート/サンポート南風リレー号	SUNPORT / SUNPORT NANPU RELAY	高松站→觀音寺站	予讚線	坂出站以西每站停車。

Info

關於併結車

由於四國的部分特急行駛路線重疊，部分班次會在某些區段併連行駛，像是潮風號與石鎚號，共通的路線兩班車會併結運駛，再從分岔站分開，或是從不同的出發站出發，等到行駛到共通路線的起始站，再併結在一起。遇到併結車的時候，只要上車前看清車門邊顯示的目的地和車名，就不會發生搭錯車的問題了。

上車前要注意車廂車門兩旁的顯示文字

併結車看板，發車時刻只差一分鐘，從這裡開始分車

石鎚號與潮風號的併結車

併結車的看板,同一格裡會出現兩個車名

乘車細節與注意事項

1 號月臺
列車名稱、麵包超人彩繪車身
停靠站

發車時間
2 號月臺
停靠月臺
目的地

看板讀法說明

· **看板讀法說明**:車站和月臺的電子看板會即時顯示班次資訊,要搭的車輛幾點發車、從哪個月臺出發、停靠站、目的地等。到達發車月臺之後和上車之前,都要再次確認月臺上的電子看板,是不是自己要搭的那班車。
· **特急**:車種之一。只停主要大站的列車。

第幾號車廂
下一站、停靠站

自由席車廂或指定席車廂
目前時間

顯示的資訊

特急車車內

持指定券的話要按券上座位數字入座

特急列車

Part 4 前所未有！四國鐵路周遊券
All Shikoku Rail Pass

62 63

普通車車內

普通車車內

「One-Man」車

整理券

整理券發行機

車資對照表

- **快速**：車種之一。站站皆停或只停靠部分站。
- **普通**：車種之一。站站皆停，類似我們的臺鐵區間車。
- **回送**：有「回送」兩字表示該車不載客，準備空車返回車站或列車基地。
- **One-Man（ワンマン）**

  在四國「One-Man」車很常見，中文大概可以翻成「一人服務車」，屬於普通車的一種，站站皆停，車頭前端會有「ワンマン」標誌，通常只有一節車箱，由司機一人兼車掌，同時負責開車、查票和售票。乘坐 One-Man 車時，要從後門上車、前門下車。

  如果是在沒有售票機的無人小站上車，上車後要從「整理券發行機」抽取「整理券」，車資請對照車內車資表上的數字，下車時再將整理券和車資當著司機的面投入投幣箱。盡可能準備剛好的零錢，車內通常會有兌幣機。當然，持 PASS 的話只要在下車時出示 PASS 就行了。

- **指定席與自由席**：特急車分有指定席車廂與自由席車廂。指定席要有指定券才能乘坐（或是持 PASS 先劃位），需按票上的車廂號碼與座位號碼入坐，自由席則可以自由選擇位子。有些行駛於四國的特急只有兩節車廂，可能第一個車廂的前半部是指定席，其餘的則都是自由席座位。

- **備註**：快速和普通車通常都是自由席，但如果是觀光小火車，可能就要加指定席或其他費用。另外，行走於岡山與高松之間的快速「Marine Liner」號也分有指定席與自由席，最前端的雙層車廂的上層為綠色席，在跨越瀨戶大橋時可以欣賞到很棒的 view！

乘坐「One-Man」車時要從後門上車，然後前門下車

投幣箱

綠色車廂標誌

一到四排為指定席，第五排以後是自由席

Marine Liner 號的雙層車廂

搭乘	座位	需要車票	料金（車資）	可否使用 「All Shikoku Rail Pass」
普通、 快速列車	自由席	乘車券	乘車料金	○
特急列車 （包含麵包超 人彩繪列車）	自由席	乘車券 + 自由席特急券	乘車料金 + 特急料金	○
	指定席	乘車券 + 指定席特急券	乘車料金 + 特急料金 + 指定席料金	○
	綠色車廂	乘車券 + 特急券 + 綠色券	乘車料金 + 特急料金 + 綠色券料金	○ 但需另支付特急料金 與綠色券料金
快速 Marine Liner （マリンライ ナー）	自由席	乘車券	乘車料金	○ 但需另支付岡山到兒島區間 的乘車料金￥500
	指定席	乘車券 + 指定席券	乘車料金 + 指定席料金	○ 但需另支付岡山到兒島區間 的乘車料金以及綠色券料金
	綠色車廂	乘車券 + 綠色券	乘車料金 + 綠色券料金	
觀光小火車 - 四萬十 Torocco	指定席	乘車券 + 指定席券	乘車料金 + 指定席料金	○
觀光小火車 - 瀨戶大橋 麵包超人 Torocco	綠色車廂	乘車券 + 綠色券	乘車料金 + 綠色券料金	○ 但需另支付綠色券料金￥460
觀光列車 - 伊予灘物語	綠色車廂	乘車券 + 綠色券	乘車料金 + 綠色券料金	○ 但需另支付綠色券料金￥980

車門旁會有開門按鈕

車內的車門按鈕

- **按鈕開門**：在夏天和冬天的時間，為了保持車內空調溫度，列車靠站時車門不會自動打開，要去按車門旁的按鈕，車門才會打開。
- **購買車票**

在未使用「All Shikoku Rail Pass」或其他鐵道 PASS 的情況下，就需要從售票窗口或自動售票機購票才能搭車。

購票方法如下：

1. **自動售票機**：先從運費表確認金額，在售票機輸入該金額的按鍵，然後投入紙鈔或錢幣，車票就會從售票機自動跑出。

- **備註**：有些自動售票機除了一般車票，也可以買特急車的車票（特急券），但如果沒有把握的話，也可以先買一般車票，等上車後再請查票員補票（補買特急券）。

2. **窗口購買**：找到售票窗口（「切符売り場」或「みどりの窓口」），向窗口人員購買。買票時要告知「目的地」、「票種」、「希望乘車時間」。

3. **整理券**：如果上車的車站沒有站務人員也沒有自動售票機，則要在上車後從車門旁的整理券發行機抽取整理券，下車時再將整理券和車資交給司機。

- **進出站**：進出站時請尋找「改札口」，如果車票背面有黑色磁條可以走「自動改札機」通道，或是走人工驗票通道；如果是 PASS 券或背面無磁條的車票則一律由查票員驗票。若下車站是無人小站，請從離司機最近的車門下車，並將車票交給司機或向司機出示 PASS。

· **補票（精算）**：日本的補票叫做「精算」。如果坐過了手中車票的目的地站範圍，請拿著車票到「精算所」的窗口跟車站人員補票，也可以找列車內的工作人員幫忙補票。

綠色窗口（みどりの窗口）

售票處（切符売り場）

車票

通常能在售票機上方找到車資表

可以買指定席券的指定席券售票機

進出站閘口「改札口」

自動改札機

補票窗口「精算所」

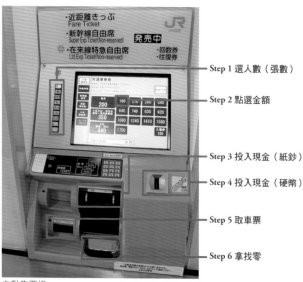

自動售票機

Step 1 選人數（張數）

Step 2 點選金額

Step 3 投入現金（紙鈔）

Step 4 投入現金（硬幣）

Step 5 取車票

Step 6 拿找零

JR 四國以外

土佐黑潮鐵道（土佐くろしお鉄道）

· 網站：www.tosakuro.co.jp/tosakuro/top_J.html

　　高知縣內的私鐵系統。營運的鐵道線路有以下兩條：中村宿毛線、後免奈半利線。

· 中村宿毛線：窪川站－中村站－宿毛站。位於高知縣的西南部。從 JR 高知站有特急車直通中村站、宿毛站（南風號、足摺號），中途無需換車。

· 後免奈半利線（ごめん　なはり線）：後免站－奈半利站。在高知市近郊，又稱阿佐線。行駛列車主要以 One-Man 列車為主。與 JR 線路之間有直通車來往。

阿佐海岸鐵道

· 網址：www.asatetu.v-co.jp

　　私鐵系統之一，經營的鐵道線路只有一條。

· 阿佐東線：海部站－甲浦站。行走於德島縣與高知縣的交界處，起點是 JR 牟岐線終點站的海部站，終點是甲浦站。全線總共只有三個車站，總長度 8.5 公里。大約每小時一班。早上通勤時間有兩班直接來往於甲浦站與 JR 德島站的直通車，傍晚也有數個從 JR 德島站直駛下來的直通車。

注意事項

在使用「JR PASS」搭乘 JR 直通車經過以下區間時，需要再支付該區間的車資。使用「ALL SHIKOKU RAIL PASS」或其他有囊括該區間的優惠票券則免付。

鐵路公司	付費區段
土佐黑潮鐵道	窪川－若井－宿毛
	後免－奈半利
阿佐海岸鐵道	海部－甲浦

伊予鐵道

- 網站：www.iyotetsu.co.jp

　　愛媛縣內的私鐵系統，營運範圍以松山市與松山市郊外為主。路線大致可分成郊外線與松山市內線。

- 郊外線：又稱郊外電車，有高濱線、橫河原線、郡中線三條路線。
- 松山市內線：以松山市內為行駛範圍，又稱市內電車。鐵道路線主要環繞松山城，用來進行松山市內觀光與移動相當便利。詳細請見 80 頁「伊予愛媛縣 松山城下」的「市區交通」。

土佐電氣鐵道

- 網站：www.tosaden.co.jp

　　高知市內的私鐵系統。有兩條橫向路線與一條直向路線負責連結高知市中心與附近郊區，適合用來做市內觀光移動。詳細請見 118 頁「土佐 高知縣 高知」的「市區交通」。

高松琴平電氣鐵道

- 網站：www.kotoden.co.jp

　　詳細請見 164 頁「讚岐 香川縣 高松」的「市區交通」。

土佐黑潮鐵道的普通列車

與 JR 直通

中村線與宿毛線之間的中村站

伊予鐵道

土佐電氣鐵道

高松琴平電氣鐵道

如何查詢鐵道時刻表？

　　為了讓旅遊計畫趨於完美，事先查好各列車的發車時間、抵達時間是不可少的功課之一，要如何查包含私鐵在內的鐵道時刻表呢？日本雅虎提供了一個方便的查詢頁面，使用步驟如下：

Step 1 ▶

進入日本雅虎首頁，點入位在畫面左方的「路線」。

點入「路線」——

Step 2 ▶

在出發地和目的地輸入地名。如果地名本身就是日本漢字的話，可以直接用中文輸入（但德島、內子因為中日字構不同無法辨識，請輸入英文tokushima、uchiko）。除了直接輸入文字，也可以從自動跑出的下拉式選單選擇。「經由站」可填也可留白，像從高知到松山，如果想要走四萬十綠線，就要在「經由站」打入「宇和島」，才不會跑出一大堆走多度津的路線模式。

Step 3

選擇想要搭乘的日期時間。可以選擇設成出發時間或想要抵達的時間。

Step 4

按下「檢索」。一次會跑出六個結果，不過一頁只會顯示三個，要看另外三個結果「次の3件」才會跳到下一頁。如果想要看早一點的班次或晚一點的班次，則可以點「1本前」（前一班）或「1本後」（下一班）。

其他交通工具（均無法使用「四國鐵路周遊券 All Shikoku Rail Pass」）

巴士

市區巴士、中短距離巴士（路線巴士）

在四國各縣都有各自的巴士系統，各城市、各鄉鎮的巴士系統也都不一樣。在市區內有時會採用均一票價，一定範圍內不管坐幾站車資都一樣，或者採用「區間制」的計費方式，搭乘的距離越長車資越高。總之，上車時一定要先留意車門旁有無「整理券」機器，有的話記得要先抽取「整理券」。

市區巴士

巴士內部

區間制巴士搭乘方式

1. **上車取「整理券」**：上車的同時要從車門旁的機器抽取「整理券」，這張小紙條上會有一個阿拉伯數字。

整理券發行機

整理券

2. **車資看板**：巴士最前方會有一個顯示車資的電子看板，車資數字會隨行駛距離增加。

3. **確認車資**：到達下車站時，依整理券上的數字對照電子看板上該數字此時顯示的金額，那就是該付的車資（如果在出發站上車可能會沒有整理券可抽，這時要支付的就是電子看板裡「なし」的金額）。

4. **下車**：將車資和整理券一起投入投幣箱裡即可。車上不找零，但有兌幣機可換錢（最多可接受千圓鈔）。

投幣箱與兌幣機

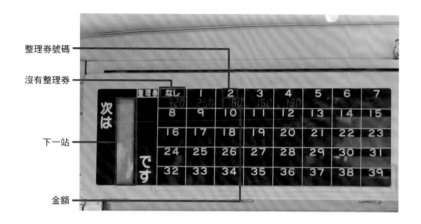

整理券號碼

沒有整理券

下一站

金額

觀光巴士

　　如果想要有效率地一口氣連結所有觀光景點，可以考慮參加當地的觀光巴士 course，讓巴士直接帶你巡走各景點，免去思考如何連結各景點的交通問題。

高速巴士（高速バス）

　　要進行縣與縣之間或其他長距離移動時，除了搭乘火車，也可以選擇長途巴士（日本稱「高速巴士」），車票可以當天到售票所購買，也可以提前預購。如果是在大型連假或旅遊旺季時想搭乘高速巴士，最好提前買票。

進行長途移動的高速巴士

高速巴士售票據點

自駕

　　四國地廣人稀，城市以外的某些地區大眾運輸工具沒有到達，或是班次過少，讓整個行程排起來左支右絀，怎麼排都不順，若自己開車就不會有這些問題了，而且如果同行人數多，一天平均每個人分擔下來的租車費用，可能會比用 All Shikoku Rail Pass 還低（不考慮高速公路與油錢的情況下），更多了便利性與自由度。但如果行程僅是市區觀光就不推薦自駕。

　　最好選擇全國性的大型租車公司比較有保障，經由租車公司的網站就可以事先預約租車（通常都可以甲地借乙地還）。一旦預約完成，若想取消一定要事先通知做取消動作。也可以到日本當地後再跟租車公司接恰，機場一般都有租車公司的櫃檯，大城市的主要車站附近也都會有。

租車行

租車網站

- TIMES：rental.timescar.jp（日文、中文、英文）
- TOYOTA：rent.toyota.co.jp/top.asp（日文、中文、英文）
- NIPPON：www.nipponrentacar.co.jp（日文、英文）
- **備註**：日本 GPS 是用電話號碼來設定目的地，所以如果打算要在日本開車旅行，最好先把目的地的電話號碼都準備好。

計程車

　　某些情況下搭乘計程車，可能比利用大眾交通工具要有利得多，例如前往大眾交通工具沒有抵達的地方，或是趕時間、行李太多、火車巴士班次太少難以銜接等，尤其是三人或四人的小團體旅遊，平均分擔下來，有時可能比去搭乘電車、巴士等來得划算。

・**備註**：中型計程車指的是車長在 4.6 m 以上的車，最多可載五名乘客；小型則為 4.6 m 以下，最多可載四名乘客。若是遇上塞車，時速低於 10 公里，此時計價方式大約為每 2 分鐘／￥80。高速公路的過路費要另計。如果叫來的計程車離乘客的所在位置超過 1,500 m，可能會被加收額外的「迎車費用」。

四國主要城市的計程車參考車資

		德島市			高知市
中型	起跳價	1,500m 以內 ￥570	中型	起跳價	1,300m 以內 ￥570
	續跳費率	319m / ￥80		續跳費率	301m / ￥80
小型	起跳價	1,500m 以內 ￥560	小型	起跳價	1,300m 以內 ￥560
	續跳費率	359m / ￥80		續跳費率	336m / ￥80
		高松市			松山市
中型	起跳價	1,500m 以內 ￥640	中型	起跳價	1,300m 以內 ￥580
	續跳費率	306m / ￥80		續跳費率	294m / ￥80
小型	起跳價	1,500m 以內 ￥630	小型	起跳價	1,300m 以內 ￥570
	續跳費率	325m / ￥80		續跳費率	339m / ￥80

計程車的車門會自動開閤

小型計程車

計程車

日文單字帳【交通篇】

中文	日文
車站	えき / 駅
剪票口	改札口
月臺	ホーム
乘車處	のりば
綠色窗口	みどりの窓口
四國旅行服務中心 WARP	ワープ
服務台	案内所
電梯	エレベーター
手扶電梯	エスカレーター
寄物櫃	コインロッカー
行李寄放處	荷物一時預かり所
失物招領處	忘れ物取扱所
廁所	お手洗い / トイレ
車票 / 門票	きっぷ / 切符 / チケット
售票處	うりば / 売り場
售票機	券売機
費用 / 車資	料金 / 運賃
補票處	精算所
計程車	タクシー
巴士	バス
巴士總站	バスターミナル
巴士站	バス停
渡輪	フェリー
渡輪總站	フェリーターミナル
單程	片道
來回	往復
租車	レンタカー
出租腳踏車	レンタサイクル

PART 5

玩遍四國

伊予 愛媛縣 松山城下

　　以日本第一的橘子產地為人所知的愛媛縣位於四國的西北部，北側隔著瀨戶內海與本州的廣島相對，與高知縣相連的南面則由山地與高原盤踞。受到周圍海洋洋流影響，氣候相對溫暖舒適，唯獨內陸地帶因高原地形的關係而偏寒，但整體而言是一個有著宜人氣候的好地方。溫暖的天氣造就了愛媛在柑橘類上的驚人產量，也形成愛媛縣民不愛與人爭的保守性格。

　　在江戶時代愛媛縣這塊地方由包含伊予松山藩、宇和島藩在內等共八個藩治理，被稱為「伊予八藩」，八藩各自發展自己的文化，就算是到了現在，斜長型的愛媛縣也是由東到西被劃分成「東予」、「中予」及「南予」三個地區，每個地區的氣候、地形、主要經濟產業，甚至文化、方言都大不相同，所以就連縣政行政與天氣預報也都各自分離，這一點上與同樣在四國的其他三縣有很大的不同。

　　因為只與廣島縣一海相隔，讓愛媛在文化和經濟上都與廣島縣關係深厚，但愛媛自己本身也擁有相當深厚的歷史與文化，它有日本最古老的溫泉、至今仍屹立不搖的古代城堡、保留傳統建築的小鎮、由十座大橋串連而成的海上道路，自然風光方面則有西日本第一高山的石鎚山、宇和島海中公園，山海美景兼具。

　　來到愛媛首先不能錯過的是愛媛縣府所在地的「松山市」，市內有四國最大的平山城「松山城」與日本三大古湯之一的「道後溫泉」，皆在米其林指南中獲得了二顆星的評價，是愛媛縣內最亮眼的兩大景點。

愛媛不但鄉土氣息濃厚，也擁有許多歷史古蹟

如何到松山、道後溫泉？

從	搭乘		到	時間	車資
JR 高松站	JR	特急石鎚	JR 松山站	2 小時 30 分	¥5,670
	高速巴士	少爺 Express（坊ちゃんエクスプレス）		2 小時 40 分	¥4,000
JR 德島站	JR	特急渦潮→特急石鎚（高松轉車）	JR 松山站	3 小時 45 分	¥8,250
	高速巴士	吉野川 Express（吉野川エクスプレス）		3 小時 10 分	¥4,400
JR 高知站	JR	特急南風→特急潮風（多度津轉車）	JR 松山站	4 小時 5 分	¥9,230
		特急南風 / 足摺→普通→特急宇和海（窪川、宇和島轉車）		約 6 小時	¥7,160
	高速巴士	南國 Express（なんごくエクスプレス）	JR 松山站	2 小時 30 分	¥3,600
JR 岡山站	JR	特急潮風	JR 松山站	2 小時 40 分	¥6,310
	高速巴士	Madonna Express（マドンナエクスプレス）	JR 松山站	3 小時	¥4,400
松山空港	利木津巴士（リムジンバス）		JR 松山站	15 分	¥310
			松山市站	23 分	¥410
			道後溫泉站	40 分	¥460
松山觀光港	利木津巴士（リムジンバス）		JR 松山站	20 分	¥460
			松山市站	26 分	¥510
			道後溫泉站	43 分	¥620
JR 松山站 松山市站	伊予鐵道	5 系統 JR 線	道後溫泉站	25 分	¥160
		3 系統市駅線	道後溫泉站	20 分	¥160

宇和海號要到 1 號月臺的前端搭車

松山站

交通 TIP

JR 松山站內只有 3 個月臺，不過 1 號月臺（一番のりば）特別長。更特別的是，同一時間裡 1 號月臺可能會停留兩班不同目的地的列車。

例如：往西行駛來回於岡山、高松和松山站之間的特急「潮風號」（しおかぜ）、「石鎚號」（いしづち），會和往來於松山和南方的宇和島站的「宇和海號」，一前一後同時停留在 1 號月臺，所以上車前一定要確認該列車是不是自己要搭的車，萬一搭錯車可就麻煩了。

市區交通

伊予鐵道
- 全線均可使用「四國鐵道周遊券 All Shikoku Rail Pass」
- 網站：www.iyotetsu.co.jp

　　松山市內的大眾交通主要以「伊予鐵道」所經營的市內電車為主，班次多、停留點也多，票價均一（單程￥160），且連結各主要觀光地，相當適合觀光客利用。

　　「伊予鐵道」採下車驗票，如果持有「All Shikoku Rail Pass」、市內電車一日券（￥500）或其他的周遊券，在下車時亮票給司機看即可。投幣的話，則是在下車時將車資投入投幣箱裡。另外，因為是在馬路上行進的路面電車，所以會跟一般汽車一樣等紅燈，到站時間有時會比時刻表上的慢一些，這一點要特別留意，尤其是準備接著轉搭其他交通工具的人。

　　市內主要有 5 條行駛路線，以「系統」來稱呼，其中「1 系統」、「2 系統」屬於循環型的環狀線，「1 系統」順時針繞市內一圈，「2 系統」則是逆時針方向，搭乘前一定要先確認清楚。

　　外地旅客的下車站不外乎「道後溫泉」、「大街道」、「JR 松山駅前」、「松山市駅」這四個站，要特別注意的是「JR 松山駅前」跟「松山市駅」是不同的兩站。「JR 松山駅前」位在 JR 松山站正前方，而「松山市駅」則是「伊予鐵道」市內線與市郊線交會的重要站點，可別坐錯車、下錯地方了。

　　（搭 JR →「JR 松山駅前」；搭市內、郊區巴士、搭長途巴士、搭伊予鐵道市郊線 →「松山市駅」）

　　各系統行駛路線（只列主要站名）如下：
- 1 系統 環狀線（順時針）： 松山市駅→ JR 松山駅前→古町→木屋町→上一萬→大街道→松山市駅

- · 2 系統 環狀線（逆時針）： 松山市駅→大街道→上一万→木屋町→古町
  → JR 松山駅前→松山市駅
- · 3 系統 市駅線： 松山市駅↔大街道↔上一万↔道後溫泉
- · 5 系統 JR 線： JR 松山駅前↔南堀端↔大街道↔上一万↔道後溫泉
- · 6 系統 本町線： 本町六丁目↔南堀端↔大街道↔上一万↔道後溫泉

主要下車站	周邊景點、設施	系統
道後溫泉	道後溫泉	3、5、6
大街道	松山城、坂上之雲美術館、大街道商店街	1、2、3、5、6
JR 松山駅前	JR 松山站	1、2、5
松山市駅	伊予鐵道松山市站、伊予鐵道公車總站	1、2、3

樸拙復古的市內電車

也有現代化造型的電車

伊予鐵道松山市內線

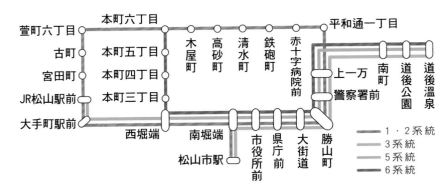

與高島屋百貨共構的松山市站

道後溫泉站

市內電車內的投幣箱

省錢 TIP

　　伊予鐵道的市內電車全線均一價￥160，一日券則是￥500，搭乘觀光復古小火車「少車列車」（坊っちゃん列車）只要額外再加￥300（原票價￥500）。

　　但若是已經在使用「ALL SHIKOKU RAIL PASS」則無需再買，因為「ALL SHIKOKU RAIL PASS」已包含伊予鐵道在內。（但不能乘坐少爺列車）

· 票券名稱：市內電車一日券（市內電車 1DAY チケット）；市內電車二日券（市內電車 2 DAY チケット）。

· 票價：￥500；￥800。

· 使用範圍：市內電車【全線】一天之內無限次乘坐；市內電車【全線】連續兩天之內無限次乘坐。

· 販賣地點：JR 松山站觀光案內所、道後溫泉站少爺列車商店、伊予鐵道松山市站售票中心、伊予鐵道古町車站、伊予鐵道大街道營業所（伊予鐵會館 1F）、直接跟市內電車司機購買（只販賣一日券）。

　　若是腳步遠及市郊，不妨考慮使用伊予鐵道的電車＆巴士一日券「ALL IYOTETSU 1 DAY PASS」，可以搭乘伊予鐵道的市內電車、市郊電車以及巴士全線，還可以免費乘坐一次「高島屋大觀覽車」。

· 票券名稱：ALL IYOTETSU 1 DAY PASS；ALL IYOTETSU 2 DAY PASS。

· 票價：￥1,500；￥2,000。

· 使用範圍：市內電車、郊外電車、巴士無限次乘坐（不包含少爺列車、高速巴士、特急巴士、伊予鐵南予巴士）。

· 販賣地點：JR 松山站觀光案內所、道後溫泉站少爺列車商店、伊予鐵道松山市站售票中心、郊外電車各站、伊予鐵道大街道營業所（伊予鐵會館 1F）。

· 其他優惠：「少車列車」優惠票價￥300、免費乘坐「高島屋大觀覽車」一次。

伊予市巴士

刮開日期的銀漆就開始生效

松山市地圖

至北条

道後溫泉本館

至松山觀光港

道後溫泉駅　放生園

道後公園

平和通一丁目

南町

道後公園駅

上一方

松山城

伊予鐵高濱線

本町三丁目

霧之森

JR松山駅

坂上之雲美術館　大街道駅

大手町

西堀端

勞研饅頭

南堀端

五志喜

至松山空港

大街道

松山市駅

銀天街

JR予讚線

子規堂

至重信

至伊予市　　至砥部

N

景點介紹

醬油飯

　　醬油飯（醬油めし）為 JR 松山車站眾多特色便當中最受歡迎的一款，是連在地人都讚不絕口的味道。在煮飯時加入醬油一起炊煮，每一粒米都被染上淡淡的茶色，但卻不重鹹，只保留醬油的香，口味清淡，無負擔。

口味純樸的醬油飯

醬油飯
◎交通：JR 松山站

醬油飯便當的包裝

便當亭

五志喜

　　創業於三百年前的素麵老店，有一般的白色素麵、摻了綠茶的綠色素麵、加了梅肉的紅色素麵等，擺在一起看起來繽紛美麗，嘗來口感滑溜，讓人忍不住一口接一口，也有盒裝的乾燥素麵可以當伴手禮。除了五色素麵，這裡也提供許多愛媛道地美食，不用跑太多地方，就能夠一網打盡。

五志喜
◎營業時間：11:00 ～ 22:30
◎地址：愛媛県松山市三番町 3-5-4
◎交通：伊予鐵道「松山市」站，步行約 10 分鐘；或是「大街道」站，步行約 7 分鐘

可當伴手禮的乾燥素麵

五色素麵午餐套餐

五志喜

勞研饅頭

不是日式甜點饅頭，而是類似我們的中華饅頭，使用天然酵母菌發酵而成，在松山非常有人氣。共有 14 種口味，其中 7 種是有包內餡的。

> **DATA**
> 勞研饅頭
> ◎營業時間：9:00 ～ 19:00
> ◎地址：愛媛県松山市大街道 2-3-15
> ◎交通：伊予鐵道「大街道」站，步行約 3 分鐘

松山在地的老店

每種都是 108 日圓

很有飽足感

少爺列車

少爺列車（坊っちゃん列車）是以明治時期行走於松山市內的路面電車為原型所打造的復古觀光電車，行駛時偶有汽笛鳴聲，充滿了懷舊感，目前共有兩條路線行駛於松山市區與道後溫泉之間，車票可在售票處或上車後向車掌購票，旺季時須抽號碼牌排隊。

> **DATA**
> 少爺列車
> ◎網站：www.iyotetsu.co.jp/botchan
> ◎費用：￥500
> ◎行駛路線與停靠站：
> 路線 1：道後溫泉－大街道－松山市站（一天約 6 ～ 7 個班次，單程約 20 分鐘）
> 路線 2：道後溫泉－大街道－ JR 松山站前－古町（一天約 2 ～ 3 個班次，單程約 30 分鐘）

1 ～ 3 少爺列車

坂上之雲美術館

　　以歷史小說作家司馬遼太郎大師作品「坂上之雲」為主題設立的坂上之雲美術館（坂の上の雲ミュージアム），建築本身是由著名的安藤忠雄大師所設計，在博物館二樓的免費空間裡設有咖啡座，可以一邊啜飲咖啡，一邊透過玻璃牆面眺望外頭翠綠的景色。一樣位在城山的南麓、鄰近博物館的「萬翠莊」，為大正時代由松山藩藩主的子孫所興建的別邸，走法式風格，是當時上層名流重要的社交場所，現在則是繪畫、傳統藝術品的展示場所，當然，被國家指定為重要文化財的建物本身就是個不可多得的美術品。

坂上之雲美術館
◎開放時間：9:00～18:00（週一休，遇國定假日則照常開館）
◎費用：￥400
　交通：伊予鐵道「大街道」站，步行約 5 分鐘

追求與周遭自然環境相互調合的大師建築　　萬翠莊為大正時代的法風建築

Info

除了坂上之雲美術館，在四國能看到的安藤忠雄大師作品

1. 光明寺（愛媛縣‧西条市）
   ‧ 交通：JR 伊予西条站，步行約 13 分鐘。
2. 四國村美術館（四国村ギャラリー）（香川縣‧高松市）
   ‧ 交通：JR 屋島站，步行約 10 分鐘；或是琴平電鐵「琴電屋島」站，步行約 5 分鐘。
3. 橫倉山自然之森博物館（高知縣‧越知町）
   ‧ 交通：JR 佐川站，搭黑岩觀光巴士約 15 分鐘，於「宮之前」站下車，步行約 5 分鐘。
4. 地中美術館（高松縣‧直島）
   ‧ 交通：直島宮浦港旁搭町營巴士約 14 分鐘，於「杜鵑花莊」（つづじ莊）站下車，
   轉接駁巴士（シャトルバス）約 7 分鐘，「地中美術館」站下車。
5. BENESSE HOUSE MUSEUM（ベネッセハウスミュージアム）（高松縣‧直島）
   ‧ 交通：「杜鵑花莊」站下車，轉接駁巴士約 3 分鐘「BENESSE HOUSE MUSEUM」
   站下車。
6. 李禹煥美術館（高松縣‧直島）
   ‧ 交通：「杜鵑花莊」站下車，轉接駁巴士約 5 分鐘「李禹煥美術館」站下車。
7. ART HOUSE PROJECT- 南寺（家プロジェクト - 南寺）（香川縣‧直島）
   ‧ 交通：直島宮浦港旁，搭町營巴士約 10 分鐘「農協前」站下車。
8. ANDO MUSEUM（高松縣‧直島）（交通同 7）

霧之森

位在大街道站前往松山城路上的「霧之森」，招牌商品「霧之森大福」是使用四國山地所產的抹茶新宮茶做成的抹茶大福，內包紅豆餡與生奶油帶出難以形容的絕妙口味，常常在開店後沒多久就銷售一空。

Data

霧之森
◎ 營業時間：10:00 ～ 19:00（每月第四個週一休）
◎ 地址：愛媛県松山市ロープウェイ街
◎ 交通：伊予鐵道「大街道」站，步行約 2 分鐘

來自四國著名茶產地的霧之森

招牌商品的「霧之森大福」

氣派的松山城

可以俯瞰瀨戶內海

大天守與小天守

從天守閣以 360 度眺望松山市景

好玩又可怕的空中飛椅

也可以選擇坐車廂纜車

松山城

來到愛媛一定得拜訪代表愛媛的「松山城」，松山市正是以這四國最大的平山城為中心而發展起來的城下町。江戶時代全日本共有一百多座城堡，但因戰爭、改革、天災等種種因素，僅剩下十二座，愛媛縣就擁有松山的「松山城」與宇和島的「宇和島城」兩座，在日本算是一枝獨秀。若搭乘市內電車伊予鐵道拜訪松山城，於「大街道站」下車後，不禁讓人懷疑在這麼熱鬧的地方會有一座大城堡？沿著路標往北走，徒步約 5 分鐘就能看見前往松山城的纜車站。

松山城位在高 132 公尺的勝山山頂上，周圍有數條登城道供人步行上山，若想節省時間與保留體力，搭乘纜車上山是最佳的登城方式。登山纜車有兩種，一種是廂車型，每 10 分鐘一班（單程需 3 分鐘）；一種是單人懸空座椅（單程需 6 分鐘），隨時「上了就走」，適合膽大、不懼高的人。包含松山城及其所在的勝山周邊被稱為「城山公園」，在好天氣時一邊乘坐纜車上山，一邊欣賞周圍綠意與俯瞰松山市街，可讓旅遊更添樂趣！

從纜車站走到天守入口約需 10 分鐘。採「三重三階」構造的松山城是四國城堡中最大的一

座，築城至今大約四百年，擁有大天守與小天守，兩座天守由走廊連接，這樣的結構被稱連立式天守。和日本多數的天守遭遇相同，松山城的天守也曾因祝融之災一度消失，而後在 1854 年重建直至今日。天守內部展示眾多與松山城相關的資料與文物，從最頂層可以將松山市景，甚至遠方的瀨戶內海一起收入眼底。另外，在松山城還能看到穿著褲裝和服的女性工作人員，她們是松山城美麗的觀光大使，除了親切的幫忙導覽，也很樂意陪遊客一起拍照留念，千萬不要錯過這個機會囉！

Data
松山城
◎網址：www.matsuyamajo.jp
◎開放時間：天守閣 9:00 ～ 17:00（12 月～翌年 1 月：9:00 ～ 16:30，
　　12 月第三個週三休）；纜車 8:30 ～ 17:00
◎費用：天守閣￥510；纜車單程票￥270，來回票￥510
◎交通：伊予鐵道「大街道站」，步行約 7 分鐘可到達纜車站口

梅津寺站

　　伊予鐵道的郊外電車路線共有三條線：高濱線、郡中線、橫河原線。梅津寺站是高濱線上的一個濱海小車站，月臺背後就是瀨戶內海，風景優美，是日劇《東京愛情故事》的重要場景之一，最後一集中女主角莉香把手帕繫在月臺柵欄上當作分手的信號，至今仍有不少人來到此處緬懷這部二十多年前的經典愛情日劇。

　　從伊予鐵道的松山市站出發搭高濱線約 18 分鐘（￥360），即可到達梅津；從伊予鐵道的 JR 松山站前站出發的話，途中須在古町站進行轉車（￥460）。

Info
省錢 TIP
　　針對松山市內的主要觀光景點，伊予鐵道推出觀光套票「松山城樂遊優惠券」（松山城らくトクセット券），使用期限為兩天，適合既要遊覽松山城，又要搭乘少爺列車的人購入。
· 票券名稱：松山城樂遊優惠券（松山城らくトクセット券）。
· 網站：http://www.iyotetsu.co.jp/ticket/toku/mastuyamajo.html
· 票價：￥1,300。
· 使用效期：兩天。
· 使用範圍：少爺列車、松山城纜車來回、松山城天守閣、二之丸史跡庭園。
· 販賣地點：JR 松山站觀光案內所、道後溫泉站少爺列車商店、少爺列車服務員、伊予鐵道松山市站售票中心、伊予鐵道古町車站、伊予鐵道大街道營業所（伊予鐵會館1F）。

伊予 愛媛縣 道後溫泉

　　印象中著名的溫泉地不是在山裡，就是在溪谷之間，被深邃的綠意所包圍，當得知道後溫泉只距松山車站十幾分鐘車程時，很難不感到困惑，這樣的現代城市當中真潛藏有日本最古老的溫泉？「道後溫泉」位於松山市區的東北方，從松山站搭乘路面電車，約 20 分鐘就能抵達道後溫泉，從充滿懷舊氣氛的路面電車下來的瞬間，那原本以為應該會存在的不協調感也消失無蹤，自然而然地接受這位在城市間的溫泉勝地。

　　遠在日本的「神話時代」就已經出現的道後溫泉擁有三千年的歷史，在《日本書紀》、《萬葉集》等諸多古籍中都有登場，聖德太子也曾經造訪過，據說愛媛縣的舊稱「伊予」（いよ），「よ」是代表溫泉的「湯」——「ゆ」字轉換而來，「いい湯」等於是好湯的意思，這個「好湯」不用說指的正是道後溫泉。

日本最古老的溫泉

連龍貓也來訪

道後溫泉商店街

道後地圖

道後溫泉

「道後溫泉本館」是道後溫泉的象徵

到了夜晚更是熱鬧非凡

有四種價格

二樓的大廣間休息室

景點介紹

道後溫泉本館

　　看過宮崎駿大師的動畫電影「神隱少女」嗎？故事裡女主角工作的澡堂就是參考道後溫泉本館設計出來的。1894年建造的「道後溫泉本館」，是氣派的三層樓城堡式木造建築，它是明治時期唯一被如此完整保留下來的溫泉建築，古樸宏偉的外觀，即使周圍大型溫泉旅館、飯店林立，也無法奪去它在道後溫泉區指標性的地位。

　　道後溫泉本館被指定為國家重要文化財，屬於公共浴場，館內設有公共浴池與休息室，所以來到這裡無須住宿也能享受溫泉，雖然住宿的旅館裡已經有溫泉池了，但幾乎大家都還是會特地帶著毛巾來到道後溫泉本館再泡一次，畢竟能在指定古蹟裡泡湯可是難得的體驗。

　　在道後溫泉本館的三層樓建築裡有神之湯與靈之湯兩座浴室，以及兩處休息室加上三樓的個人休息室。浴室內部則是類似日本大眾澡堂的氣氛，兩座浴池都是採用花崗石建造。在道後溫泉本館泡湯有四種價格，除了單純入浴是￥410，其他三種價格都可以在泡湯後使用休息室，並且借用浴衣，休息時還有點心和以炭火煮沸的熱茶可享用。

　　由於館內通道複雜，加上價格不同提供的服務也不同，因此所走的通道亦不一樣，服務人員會根據客人手中的入場券，細心地指示移動方向，另外地板上也有不同顏色線條，讓客人可以按入場券的顏色依循線條方向來走。

　　幾乎來到愛媛的觀光客都會來到這裡泡湯，如果想要避開人潮，悠閒享受泡湯時光，建議可在一大早入場，或是在晚上八點之前過來。

Data

道後溫泉本館
◎ 網站：www.dogo.or.jp（日、中）
◎ 營業時間：6:00 ～ 22:00（神之湯到 23:00）
◎ 交通：伊予鐵道「道後溫泉」站，步行約 5 分鐘

	神之湯 階下	神之湯 二階席	靈之湯 二階席	靈之湯三階個室
入浴費	￥410	￥840	￥1,250	￥1,550
時間限制	60 分鐘內	60 分鐘內	60 分鐘內	1 小時 20 分鐘內
最後入場	22:30	21:00	21:00	20:40
提供設施	神之湯	神之湯 二樓神之湯 大休息室	神之湯 靈之湯 二樓靈之湯 專用休息室	神之湯 靈之湯 三樓獨立房間
點心	無	仙貝	仙貝	少爺丸子
肥皂 / 毛巾出借	無	無	有	有
浴衣出借	無	有	有	有
少爺之間參觀	有	有	有	有
又新殿參觀	無	無	有	有

可向櫃檯加購飲料或其他東西

三樓是一間間的個室

自己的物品先留在竹籃

個室內部

振鷺閣

　　欣賞道後溫泉本館的外觀時，很難不被建築最上方的白鷺裝飾所吸引，白鷺立足的地方也是道後溫泉本館頂層突出的部分，被稱為「振鷺閣」。傳說曾有一隻腳部受傷的白鷺，泡了石縫間湧出的泉水後竟然不藥而癒，人們才因此發現了這神奇的溫泉水。「振鷺閣」紅色玻璃構成的塔屋裡有一座太鼓鐘，每天早上 6 點、中午 12 點、傍晚 6 點準時響起，陪伴著這古老的溫泉街日復一日的作息。

振鷺閣
◎費用：外觀免費參觀
◎交通：伊予鐵道「道後溫泉」站，步行約 5 分鐘

振鷺閣　　　　　　　　　　　本館周圍的白鷺裝飾

又新殿

　　道後溫泉本館裡的特別浴室，明治 32 年建造，是日本唯一的皇室專用浴室，採優雅的桃山風格，服務人員會帶領遊客逐一參觀玄關之間、御次之間、玉座之間及浴室。浴室浴槽使用的花崗石是產自香川縣花崗石中最頂級的庵治石，低調中又不失皇家氣派。

又新殿
◎開放時間：6:00 ～ 21:00
◎費用：¥260（靈之湯入浴者可免費參觀）
◎交通：道後溫泉本館內

除非是皇室一員，否則這裡僅供參觀

少爺之間

　　大作家夏目漱石曾在道後溫泉本館的二樓這裡下榻，然後寫出了以道後溫泉為背景的小說《少爺》，讓這裡多了「少爺湯」的別稱。「少爺之間」（坊ちゃんの間）裡可以見到與作家有關的檔案資料。

DATA
少爺之間
◎ 開放時間：6:00 ～ 21:00
◎ 費用：入館者皆可免費參觀
◎ 交通：道後溫泉本館內

與《少爺》的人物合影　　　　　少爺之間

椿之湯

　　同樣為公共浴池，是道後溫泉本館的姐妹湯，深受當地人喜愛，多了道後溫泉本館所沒有的在地氣氛。

DATA
椿之湯
◎ 開放時間：6:30 ～ 22:30
◎ 入浴費用：￥400（限 1 小時內）
◎ 交通：伊予鐵道「道後溫泉」站，步行約 5 分鐘

椿之湯

放生園

　　道後溫泉車站一下車就能看見，位在道後溫泉街入口旁的小廣場「放生園」，是過去曾存在這裡的「放生池」舊跡所在。廣場內最顯著的莫過於一座快兩層樓高的機關鐘，每到整點就會有夏目漱石小說《少爺》裡的角色人偶從機關鐘內跑出，隨著響起的音樂聲擺動。就在機關鐘的旁側，有一座與道後溫泉本館使用相同源泉的小型足湯，免費供人在此泡腳休息，非常受觀光客歡迎。

放生園
◎交通：伊予鐵道「道後溫泉」站，下車即達

免費足湯

　　除了放生園以外，許多當地著名的大型溫泉旅館如大和屋本店（提供時段 6:00 ～ 22:00）、道後館（6:00 ～ 22:00）、古湧園（11:00 ～ 22:00）、椿館別館（7:00 ～ 21:00）等也都有為旅客們設置免費的足湯設施，只要拎條毛巾就可以在道後溫泉的各處享受健康舒服的足浴。

・ 足湯地圖：www.dogo.or.jp/pc/info/pdf/ashiyumap_20130930.pdf

放生園的地標「機關鐘」

會有《少爺》的書中人物從機關鐘裡跑出

放生園的足湯

當地著名旅館「大和屋本店」，附設的免費足湯

道後溫泉商店街

以道後溫泉本館為中心的道後溫泉街，從市內電車的道後溫泉站開始到溫泉本館為止，這條呈 L 字型的拱頂商店街，被通稱為「道後溫泉商店街」，街上土產店、餐飲店櫛比鱗次，大部分的店也都配合道後溫泉本館營業到晚間 10 點，而晚上 8 點前後是最熱鬧的時刻，各家旅館的住客蜂擁而出，穿著浴衣、踩著木屐往來在街道上，呈現出溫泉鄉特有的風景。

道後溫泉商店街
◎交通：伊予鐵道「道後溫泉」站，下車即達

充滿溫泉鄉的氣氛

愛媛果實俱樂部

在愛媛果實俱樂部（えひめ果実倶楽部みかんの木）這家店裡，可以找到伊予柑橘的各種「變化形」，從橘子汁到橘子做成的飲用醋，還有絕對不能錯過的橘子霜淇淋（みかんソフト），不只顏色好看，濃郁的橘子香隨著冰涼的霜淇淋一起滑入嘴中，最適合在泡完湯後享用。

愛媛果實俱樂部
◎營業時間：8:30 ～ 22:00（無休）
◎地址：愛媛縣松山市道後湯之町 20-22
◎交通：道後溫泉商店街內

各種柑橘飲品

招牌的橘子霜淇淋

位在道後溫泉本館後方的分店

道後麥酒館

　　由道後當地的釀酒廠水口酒造直營的居酒屋，位在道後溫泉本館的後方，泡完湯後想喝點小酒，這裡是最適合的地方。除了有從工廠直送的新鮮啤酒，以愛媛當地食材特製的下酒菜也相當美味可口，特別推薦伊予地雞的烤雞皮（伊予地鶏の皮焼），招牌的「道後啤酒」則有四種口味可選擇，酒量好的人不妨逐一嘗試。

道後麥酒館
◎營業時間：11:00～22:00（無休）
◎地址：愛媛県松山市道後湯之町 20-13
◎交通：道後溫泉本館後方

道後麥酒館

必點的道後啤酒

保留脂肪美味的烤雞皮

炸雞配啤酒也很不賴

道後町屋

　　由大正時代舊建物改造而成的咖啡屋，入口不大，內部卻深長寬敞，越深入越見驚喜。座位區分為兩部分，位在建物前半部的是吸煙席區，如果要坐禁煙席，店員會帶領客人穿過庭園旁的走廊到後面的榻榻米區。店前販賣著講究安心無添加、自家烘焙的麵包，正餐點餐率最高的則是內夾炸魚漿片的魚漿片漢堡（じゃこ天バーガー）。此外，也提供各式蛋糕和咖啡，是一個能讓人願意放任時間流逝的舒服空間。

道後町屋
◎營業時間：9:00 ～ 22:00，L.O. 21:30（週二、每月第三個週三休）
◎位址：愛媛県松山市道後湯之町 14-26
◎交通：道後溫泉商店街內

町屋的長廊

可以欣賞後方庭園的榻榻米區

吸煙區

盛裝餐點的是愛媛著名的砥部燒瓷器

伊佐爾波神社

由松山藩主在 1667 年模仿京都石清水八幡宮所建造的神社，位在道後溫泉本館後方，爬上一段長長的石階，就可以看見華麗的朱紅色社殿。

伊佐爾波神社
◎開放時間：5:00 ～ 19:00（冬 6:00 ～ 18:00）
◎交通：伊予鐵道「道後溫泉」站，步行約 15 分鐘

先爬一段長階

模仿八幡宮造型的伊佐爾波神社

伊予 愛媛縣 內子

　　內子町位在松山市西南邊 50 公里，過去以生產木蠟聞名，最繁榮的時候產量曾經占全愛媛生產總量的四成以上，為日本第一。雖然如今繁華褪去，該地區所留存的老建築數量與完整性依然是其他地方望塵莫及的。

　　內子町的許多景點與建築都跟它的蠟燭工業息息相關，都在步行可至的距離內，充滿舊時風情、處處都有看頭的內子町，值得花費半天至一天細細品遊。

古色古香的小鎮

內子站前的觀光案內所「旅里庵」

無人看顧的良心攤販

具有往昔風情的商店

如何到內子？

從	搭乘		到	時間	車資
JR 松山站	JR	特急宇和海	JR 內子站	24 分	￥1,280
JR 松山站	JR	普通	JR 內子站	1 小時	￥760
JR 宇和島站	JR	特急宇和海	JR 內子站	56 分	￥2,270
JR 宇和島站	JR	普通	JR 內子站	2 小時	￥1,090
松山市駅	伊予鐵巴士		內子	57 分	￥720

內子座

於大正時代創建的木造歌舞伎劇場，現在仍經常有表演在這裡進行，沒有演出的時候則開放給大眾參觀，不論在過去或現在，都是內子町重要的文化發訊中心。

Data

內子座
◎ 開放時間：9:00 ～ 16:30
◎ 費用：￥400
◎ 交通：JR 內子站，步行約 10 分鐘

 Info

省錢 TIP

如果對「內子座」、「商家生活博物館」、「上芳我邸」三個景點都有興趣，可以購買「3 館共通券」，比分開買票節省￥200。

· 票券價格：￥900。
· 使用範圍、販賣地點：內子座、商家生活博物館、上芳我邸。

據說最多可以容納到 650 人的觀眾席

古色古香的木造劇場

內子座

魚林居酒屋

　　愛媛縣西南邊的宇和海沿岸以鯛魚產地著稱，與其他地方是把飯和鯛魚一起炊熟的鯛魚飯不同，當地的「鯛魚飯」（たいめし）是將新鮮的鯛魚生魚片放在熱飯上的生鯛片蓋飯，然後跟蛋黃、醬油一起攪拌均勻後再送入口中。「魚林居酒屋」（りんすけ）是創業百年的料亭「魚林」所經營的居酒屋，它的招牌鯛魚飯套餐（￥1,080），就是採這種南予特有的吃法。

DATA
魚林居酒屋
◎ 營業時間：11:30 ～ 14:00、17:00 ～ 20:00，週三休
◎ 地址：愛媛県喜多郡内子町内子 2027
◎ 交通：JR 內子站，步行約 10 分鐘

料亭魚林

吧檯座位

鯛魚飯套餐

商家生活博物館

　　商家生活博物館（商いと暮らし博物館）的建築物前身是明治時代的藥商「佐野藥局」，不僅外部、內觀皆保持原本的模樣，裡頭每個房間裡都擺有真人大小的假人模型，只要感應到有人靠近，假人便會開始動作說話，忠實重現當時商家的日常樣貌與生活作息。從假人們的話中聽來，不管是哪個時代，人們對生活的牢騷好像並無不同呢！

DATA
商家生活博物館
◎ 開放時間：9:00 ～ 16:30
◎ 費用：￥200
◎ 交通：JR 內子站，步行約 15 分鐘

前身是藥局的商家生活博物館

一靠近就會發出聲音的假人模型

在廚房忙著做早餐的女傭

下芳我邸

原是芳我家的分家之一「下芳我家」的宅邸，現在是內子最受觀光客青睞的餐廳之一。百年歷史的古建築裡，一樓主要是用餐空間，二樓則是作為展覽間使用。餐點以蕎麥麵（￥720）與山菜料理為主，講究自然無添加、使用當地農產，也有咖啡甜點可點用。

> **DATA**
> 下芳我邸
> ◎ 營業時間：11:00 ～ 14:30，週三休
> ◎ 地址：愛媛県喜多郡内子町内子 1946
> ◎ 交通：JR 內子站，步行約 15 分鐘

下芳我邸

具有歷史的古屋

榻榻米座位

甘味喫茶 COCORO

由下芳我家的別莊改裝而成的和風 Café，除了能在大正浪漫的氣氛與爵士樂聲中享受咖啡（￥450），也有各種下午茶點心可享用。併設於咖啡廳二樓的風情旅宿「町家別莊心」（町家別莊こころ），每天只收一組住宿客人，對面另有「HOTEL 心倉」（HOTEL こころくら），由明治時代的倉庫改建而成，木頭打造的洋式房間給人十足的安心感。

> **DATA**
> 甘味喫茶 COCORO
> ◎ 網站：uchi-cocoro.com/cafe.html
> ◎ 營業時間：10:00 ～ 17:00，週三休
> ◎ 地址：愛媛県喜多郡内子町内子 1949
> ◎ 交通：JR 內子站，步行約 15 分鐘

HOTEL 心倉

甘味喫茶 COCORO

八日市護國町

　　町家資料館到八日市護國町（八日市‧護国の町並み）保存中心之間，是一條由建造於江戶到大正時代的商家與民家建築群所構成的街道，長約600公尺，被國家指定為傳統建築保存區，優美而獨特的房宅仍多有人居，時光彷彿在此停駐一般，漫步其間一股寧靜悠閒的心情油然而生。

1 ～ 2 時光停駐的小鎮

被稱為大村家的古宅

大森和蠟燭屋

　　隨著時代變遷，如今內子町仍以手工生產日式蠟燭的，僅剩「大森和蠟燭屋」一家，它依然持續兩百年來的製作方式，每一支蠟燭都得憑老闆耐著高溫將溶化的蠟逐層地裹覆在燭芯上，這個過程被稱為「生掛」，因為是一層一層的加工上去，所以切口會呈現年輪狀，此外燃燒時燭火不易搖晃也是這手工和蠟燭的諸多特色之一。老闆娘對著每一位上門的客人詳細說明製程及和蠟燭的獨特之處，讓人不掏出荷包帶個蠟燭紀念品也難。

> **Data**
> 大森和蠟燭屋
> ◎營業時間：9:00 ～ 17:00，週二、週五休
> ◎交通：JR 內子站，步行約 18 分鐘

內子最後一家和蠟燭屋

手工和蠟燭是純植物性製品

大森和蠟燭屋

町家資料館

　　將保留江戶時代町家特徵的古建築重新整理修復，改為自由開放供遊客參觀的「町家資料館」。館內除了可一窺當時的町家構造，也展示過去的一些農作工具與生活道具。

DATA
町家資料館
◎ 開放時間：9:00 ～ 16:30
◎ 費用：免費
◎ 交通：JR 內子站，步行約 20 分鐘

在這裡小歇片刻

可免費參觀的町家資料館

木蠟資料館上芳我邸

　　作為木蠟生產技術改良者的芳我家，是當時內子首屈一指的製蠟業者，靠著木蠟事業而累積了龐大財富。上芳我邸是芳我家的分家之一，雖然進行木蠟製作作業的屋外區域免費開放參觀，不過可以一窺富商生活的住宅內部與展示製蠟道具的「製蠟用具展示棟」則是要付費進入。一間間相連的房間、千迴百轉彷彿沒有盡頭的長廊，讓人不禁感嘆，不論是過去或現代，有錢人果真都與豪宅劃上等號呢！

木蠟工具的展示

　　光是分家就這麼氣派了，本家宅邸的「本芳我家」想必也很有看頭吧，可惜位在上芳我邸附近的本芳我家目前並不對外開放，只能參觀外觀與庭園，期待有朝一日它能對外開放。

房宅內部

DATA
上芳我邸
◎ 開放時間：9:00 ～ 16:30
◎ 費用：￥500
◎ 交通：JR 內子站，步行約 25 分鐘

上芳我邸

本芳我家

下灘站

　　「下灘站」是 JR 予讚線上的一個濱海車站，是只有普通車才會停靠的無人小站，四國的無人車站何其多，但下灘站卻因為多次成為 JR 周遊券「青春 18」宣傳海報的主角而享有高知名度，成為 JR 鐵道迷競相造訪的勝地，就連不少日本戲劇包含「HERO」在內也都曾來此取景。

交通 TIP

　　連結松山站與宇和島站的「予讚線」南下經過「向井原」站後會分成兩個路線，一個經過內子，一個經過下灘，然後在「伊予大洲」站會合，所以在搭車前往內子或下灘時要先確認該班列車行走的是「內子線」還是「予讚本線」。

　　從內子出發前往下灘，則是需要先搭車北上到「向井原」站（搭特急的話是到「伊予市」站），再轉車南下到下灘站，或者是搭車南下到「伊予大洲」站再轉車北上。下灘站大概每隔一到兩個小時才有會一班車子停靠，在時間的安排上需要特別注意。

下灘站的車站正面

月臺外是波光粼粼的大海

JR 青春 18 宣傳海報連續三年的主角

寂寞的月臺引人遐思

天空、大海、車站，構成了一幅旅情滿溢的景致

伊予灘物語

　　愛媛縣西北邊的海面被稱為「伊予灘」，沿著伊予灘海岸行駛的「伊予灘物語」是四國首列正式的觀光列車。伊予灘物語的行駛區間為松山站到伊予大洲站（或八幡濱站），途中會在下灘站短暫停車，車內裝設優雅古典，還有遼闊絕美的車窗風景，在日本經濟新聞的「2015 年最推薦觀光列車」調查中取得第一名的位置。

　　伊予灘物語全車皆為綠色車廂指定席，禁止攜帶酒類、食物搭車，可另在車內購入飲料點心，或是事先預約使用當地精選食材特製的正餐享用。預約用餐需在搭乘日至少四天前先到綠色窗口或 Warp 購買「食事預約券」，依搭乘班次不同，價格在 ¥ 2,500 ～ ¥ 4,500 之間。

Data
伊予灘物語
◎ 網站：iyonadamonogatari.com
◎ 行駛路線：「双海編」伊予大洲站→松山站，「道後編」八幡濱站→松山站，「大洲編」松山站→伊予大洲站，「八幡濱編」松山站→八幡濱站，每天各一班
◎ 行駛期間：週末例假日，冬季停駛

伊予 愛媛縣 島波海道

　　四國與本州之間有三個跨海車道，其中連結今治與廣島縣尾道的是被通稱為「島波海道」的「西瀨戶自動車道」。香川縣的瀨戶大橋只有火車和車輛能夠通行，德島縣的鳴門大橋也只有車子可以經過，唯獨「島波海道」可以讓人以徒步或腳踏車的方式通過，風景秀麗的島波海道也因此成為高人氣的健行與腳踏車兜風地點。

　　以十座橋樑連結瀨戶內海多座小島的島波海道，從本州側的尾道開始，經過向島、因島、生口島、大三島、伯方島、大島到四國的今治，全長七十公里，快的話需要 5～6 個小時，慢的話則至少 10 小時才能夠騎完，不少人會以生口島為中點分成兩天行程來進行，或是精選部份路段分程挑戰，各島上都有足夠的住宿設施提供給想要悠閒享受海島生活的遊客。由於相連的海峽大橋與星羅密布的小島，是島波海道最大的看頭，所以如果體力不是達人級，時間也不是很充裕，推薦可以只騎「來島海峽大橋」這一段。

美麗的島波海道

島波海道地圖

今治市的代表吉祥物小雞「小治」
擁有全國性的高知名度

小雞小治教你騎腳踏車

如何到今治 · 島波海道 ?

從	搭乘		到	時間	車資
JR 松山站	JR	特急潮風 / 特急石鎚	JR 今治站	40 分	¥1,470
JR 松山站		普通		1 小時	¥950
JR 高松站	JR	特急石鎚	JR 今治站	1 小時 54 分	¥4,580
廣島 BS	高速巴士	島波海道 Liner (しまなみラインー)	JR 今治站	2 小時 40 分	¥3,700
JR 福山站	高速巴士	島波海道 Liner (しまなみラインー)	JR 今治站	1 小時 30 分	¥2,500
JR 尾道站	高速巴士	路線巴士 · 島波海道 Liner (因島大橋轉車)	JR 今治站	1 小時 40 分	¥2,250
JR 今治站	巴士	瀨戶內巴士	Sunrise 糸山 (展望臺 入口)	22 分	¥340

橫越島波海道連結廣島與今治的高速巴士
「島波海道 Line」

今治站

區域交通

巴士

　　暢遊島波海道的最推薦方式是自己開車或是騎腳踏車，除此之外，要欣賞島波海道的景色或者是前往島波海道之中的某一地點，也可以利用長途巴士或是當地公車、各島間的船班。

　　巴士的話，有連結今治與大三島的巴士，以及往來於今治與福山、廣島之間的「島波 Liner」長途巴士，途中可在各島的 BS（巴士中心）下車，再轉搭各小島內的當地路線巴士到想要去的景點或腳踏車租借站。但長途巴士的某些停留站可能會有「不能在該站上車或下車」的限制，安排行程時需要注意。

・今治與大三島時刻表：202.229.54.225/05jikoku/naikaikotsu/naikaikotsu.htm
・島波 Liner（しまなみライナー）：www.go-shimanami.jp/access/bus.html
・各小島路線巴士時刻表：www.go-shimanami.jp/access/bus.html?access=imabari
・各小島聯絡船班時刻表：www.go-shimanami.jp/access/ship_map.html

腳踏車

　　既然難得來到了這堪稱是自行車聖地的島波海道，當然要騎上腳踏車好好暢遊一番囉。用來橫越島波海道或來島大橋的腳踏車不用大費周章自己攜帶，島波海道上沿途都有腳踏車租借站，除了起終點的今治、尾島外，途中每座島嶼上也都設有一至兩個提供腳踏車租借服務的站點，還可以在不同的站點借還車，非常方便。

　　腳踏車租借站多併設在各島的觀光案內所或是道路休息站（道の駅）內，一天的租金為 ¥1,000，另外需要支付 ¥1,000 的押金，在原租借站（或者是不同租借站但在同一座島上）還車的同時會退回押金。

· 租借費用：

車種	租借費用	押金	還車
普通腳踏車	¥1,000 / 天	¥1,000	可在不同地點借還車（不退押金）
電動腳踏車	¥1,500 / 6 小時	¥1,000	需在同地點借還車

· 島波海道觀光：www.go-shimanami.jp/index.html（日、英、中）
· 島波海道自行車利用手冊 & 地圖：
　www.go-shimanami.jp/download（有繁體中文版）
· 腳踏車租借站與各站營業時間：shimanami-cycle.or.jp/terminal

　　島波海道上的腳踏車租借站共有 14 處，以下列出主要站點：

地點	腳踏車站名	地址 / 臨近港站、巴士站	受理時間
今治	今治站臨時腳踏車出租站 (JR 今治駅臨時レンタサイクルターミナル)	今治市中日吉町 1-6-23 / JR 今治站	8:30 ～ 17:00
	中央腳踏車出租站 -Sunrise 糸山（中央レンタサイクルターミナル - サンライズ糸山）	今治市砂場町 2-8-1 / 巴士站「展望臺入口」	8:00 ～ 20:00 (10 月～ 3 月：8:00 ～ 17:00)
伯方	伯方腳踏車出租站 - 道路休息站海伯方（伯方レンタサイクルターミナル 道の駅伯方 S・C パーク）	今治市伯方町葉浦甲 1668-1 / 巴士站「伯方島 BS」	9:00 ～ 17:00
大三島	上浦腳踏車出租站 - 道路休息站多多羅島波公園（上浦レンタサイクルターミナル - 道の駅多々羅しまなみ公園）	今治市上浦町井口 9180-2 / 巴士站「大三島 BS」	9:00 ～ 17:00
尾道	尾道港（站前港灣駐車場）	尾道市東御所町地先 / JR 尾道站	7:00 ～ 19:00

其他注意事項：
1. 請在租借站的營業時間內還車。多數租借站只營業到下午五點，請注意。
2. 連結廣島縣的尾道與向島的尾道大橋因為道路狹窄且交通流量大，為了安全起見，這一段請改搭渡船（腳踏車可上船）。

欣賞海上群島風光

腳踏車路線指示牌

沿路指標清楚

通行費的收費箱

大島的吉海腳踏車出租站

3. 騎腳踏車經過島波海道上的橋梁時需要支付橋梁通行費，每座橋樑的通行費為 50 日圓、100 日圓或 200 日圓不等，請事先準備好零錢。為了推廣島波海道腳踏車觀光，從現在到 2018 年 3 月為止，全段都不收取腳踏車通行費。

範例行程：

1. | Sunrise 系山 | → | 來島海峽大橋 | → | 大島吉海活力館 | → | 來島海峽大橋 | → | Sunrise 系山 |

　　從 Sunrise 系山出發，經來島海峽大橋，然後抵達大島的吉海活力館，再從吉海活力館原路折返回 Sunrise 系山還車，來回約 14 公里。

2. | Sunrise 系山 | → | 來島海峽大橋 | → | 大島 | → | 伯方大島大橋 | → | 伯方島 | → | 今治或松山 |

　　從 Sunrise 系山出發，經來島海峽大橋、大島，然後通過伯方大島大橋抵達伯方島，在伯方島的腳踏車出租站（道の駅伯方 S・C パーク）還車（Sunrise 系山到伯方島約 22 公里），然後在從旁邊的巴士站「伯方島 BS」搭巴士返回今治或松山。

景點介紹

Sunrise 系山

　　位在系山山上的「Sunrise 系山」（サンライズ糸山），是島波海道上的腳踏車租借站之一。從尾道那邊過來，這裡算是島波海道的終點，反向來説這裡也是起點，作為起終點，很多人都會選在這裡借還車，尤其這裡的車種豐富、數量也最多。除了出借腳踏車，也提供住宿的服務，對準備一大早就開始進行腳踏車旅行的遊客，選擇在此過夜最方便不過了。

　　距離 Sunrise 系山不遠有一座「系山公園」，園內設有展望臺，從這裡可以臨高眺望來島海峽美景。

從咖啡座的落地窗欣賞來海大橋的美景

交通 TIP

　　從 JR 今治站到 Sunrise 系山，公車班次稀少，平常一天只有五個班次，假日則是三班，最方便的前往方式是選擇搭乘計程車，Sunrise 系山跟 JR 今治站之間的計程車車資單趟大約是￥2,000，和比較近的波止濱站（特急不停）之間則是￥1,000 左右。

　　另外，如果是前往 SUNRISE 系山租腳踏車的客人的話，SUNRISE 系山也有提供接送服務，早上 8:25 與 9:30 各一班接駁車從波止濱站出發（需事先預約）。

· JR 今治站—SUNRISE 系山的巴士時刻表：www.go-shimanami.jp/access/bus/imabari.html

Sunrise 系山
◎ 網站：www.sunrise-itoyama.jp
◎ 腳踏車租還時間：8:00 ～ 20:00
　（10 月～翌年 3 月 8:00 ～ 17:00）
◎ 地址：今治市砂場町 2-8-1
◎ 交通：JR 今治站搭瀨戶內巴士（せとうちバス），車程約 22 分鐘（￥340），「展望臺入口」站下車步行約 2 分鐘

來島海峽大橋

　　「來島海峽大橋」是跨越來島海峽連結今治與大島的大橋，由「來島海峽第一大橋」、「來島海峽第二大橋」、「來島海峽第三大橋」三座大橋連結而成，長 4 公里，是世界首座三連吊橋，其周邊小島的景色時常被雜誌用來當作島波海道的象徵。以腳踏車進出來海大橋時需騎經螺旋般的坡道，也只有這段路比較辛苦，除此之外橋上路況絕佳，非常平順好騎，一不小心還會飆得太快呢！橋上偶有強風吹襲，必須小心。這裡也是日本三大急潮所在點之一，運氣好說不定還能看見橋下的渦潮喔！

來島海峽大橋
◎ 開放時間：自由參觀

來島海峽第一大橋　壯觀的海峽大橋

進入來海大橋前要先爬一段螺旋坡道

大島

　　島波海道的島嶼中最接近四國的「大島」，北方有連結伯方島的「伯方大島大橋」，南邊則有連結今治的「來島海峽大橋」。大島的主要景點有「玫瑰公園」、「村上水軍博物館」，另外還有兩座位在山上的「龜老山展望臺」與「KAREI 山展望臺」（カレイ山展望臺），尤其是從龜老山展望臺望出去的來島海峽景致，被稱為島波海道中首屈一指的美景。大島的腳踏車租借所有兩處，分別是在北邊的宮窪港和南邊的下田水港。

從大島下田水港出發的急流觀潮船

道路休息站吉海活力館

位在大島南端的「下田水港」除了是座漁港外，能夠體驗日本三急潮之一的來島海峽潮流的「急流觀潮船」（￥1,500）也是從這裡發船，而臨近下田水港的道路休息站「吉海活力館」（道の駅よしうみいきいき館）則提供包含腳踏車租借等各種觀光服務，還設有販賣新鮮海產的專區並出借炭爐，當場就可以自己來做頓奢侈的海鮮 BBQ（￥2,160 起）。

用炭爐燒烤新鮮海產

> **Data 道路休息站吉海活力館**
> ◎ 網站：www.imabari-shimanami.jp/ikiiki
> ◎ 開放時間：9:00 ～ 17:00
> 　（用餐：10:00 ～ 16:00）
> ◎ 交通：大島「下田水港」，步行約 3 分鐘

島魚漿片

愛媛縣名產之一的「炸魚漿片」（じゃこ天），是將近海的新鮮小魚磨成魚漿捏成片狀下鍋油炸而成。「吉海活力館」的腳踏車租借站旁邊有一間「島魚漿片」（島じゃこ天）小屋，販賣現炸現吃的炸魚漿片（￥100），出發前不如以此補充一下體力吧！

> **Data 島魚漿片**
> ◎ 營業時間：週末例假日的 9:00 ～ 16:00 或賣完
> ◎ 交通：吉海活力館腳踏車租借站旁

假日限定的現炸魚漿片

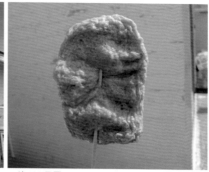
一片 100 日圓

伯方島

　　位在大島與大三島間的伯方島是著名的伯方塩的起源地。連結伯方島和大島的伯方大島大橋其實是兩座橋組合而成，罕見又特殊。伯方島西北邊的開山山頂上有一座開山公園，每到春天就會成為賞櫻勝地。

今治極上手巾伊織

　　愛媛縣內的今治市濱臨瀨戶內海，有今治港、今治城、今治烤雞，也是日本第一的毛巾生產地，在市郊還有一座以毛巾為主題的毛巾美術館。如果無暇前往今治市，今治毛巾專賣店「今治極上手巾伊織」就開在著名的松山城和道後溫泉附近。明亮舒服的店內集合了多家今治毛巾品牌，除了基本的毛巾、浴巾，還有從毛巾衍生出來的商品，種類多樣，材質豐富。富有設計感的小手帕¥540起，最適合當作伴手禮。

Data

今治極上手巾伊織
◎ 網站：www.i-ori.jp

1. 道後本店
◎ 營業時間：9:00 ～ 22:00
◎ 交通：道後溫泉街內

2. 大街道店
◎ 營業時間：9:00 ～ 19:00
◎ 交通：伊予鐵道「大街道」站，步行約 7 分鐘（松山城纜車站口旁）

今治毛巾美術館 ICHIHIRO
◎ 網站：www.towelmuseum.com
◎ 開館時間：9:30 ～ 18:00
◎ 費用：¥800
◎ 交通：從今治站搭計程車約 25 分鐘；或是從伊予三芳站搭計程車約 10 分鐘

繽紛多彩的毛巾與手帕

今治手巾伊織

道後本店

五顏六色的特製圍巾

道後本店

土佐 高知縣 高知

　　位在四國最南端的高知縣，南邊是浩瀚的太平洋，北方是起伏綿延的四國山地，縣內有近九成都是山林地帶，是個離山很近、離海也很近的地方，氣候溫暖多雨變化激烈，盛產柚子、番茄、梨子等水果。

　　高知也盛產偉人，在許多地方常可以見到名人塑像，而其中最著名的莫過於桂濱海邊的坂本龍馬立像。幕末時代坂本龍馬、中岡慎太郎等志士活躍於日本各地，並揭起了討幕活動，為明治維新提供了莫大的貢獻，要說這位幕末英雄是全日本知名度最高的高知人也不為過。與龍馬一樣堪稱高知代表的，還有烤鰹魚與四萬十川，都是來到高知不可錯過的美食與美景。

高知觀光諮詢中心「TORATERASU」（高知観光情報発信館とさてらす）在高知站南口出來的右側

梨子也是高知特產

高知車站前的坂本龍馬、中岡慎太郎、武市半平太三志士像

高知特產

JR 高知站

高知市地圖

JR高知駅

高知駅前

RINBELL

高知城

高知橋

追手門

日曜市六丁目　日曜市五丁目　日曜市四丁目　日曜市二丁目

日曜市

高知県庁　弘人市場　日曜市七丁目　日曜市三丁目　日曜市一丁目

蓮池町通

梵
帶屋町商店街

本池澤

播磨屋橋公園

木曜市　県庁前　高知城前　大橋通　堀詰　はりまや橋（播磨屋橋）

桂濱地圖

巴士站「桂濱」

土佐鬥犬中心

坂本龍馬像

巴士站
「龍馬記念館」

桂濱　龍頭岬

桂濱水族館

坂本龍馬記念館　國民宿舍・桂濱莊

往高知

龍王岬

桂濱花海道

太平洋

如何到高知 ？

從	搭乘		到	時間	車資
高知龍馬空港	利木津巴士		JR 高知站	25 分	¥720
JR 高松站	JR	快速 Sun Port ＋特急南風 （多度津轉車）	JR 高知站	2 小時 20 分	¥4,580
		特急四萬十		2 小時 25 分	¥4,910
	高速巴士	黑潮 Express （黑潮エクスプレス）		2 小時 10 分	¥3,400
JR 松山站	JR	特急潮風＋特急南風 （多度津轉車）	JR 高知站	4 小時 5 分	¥9,230
		特急宇和海＋普通＋特急足摺 （窪川、宇和島轉車）		約 6 小時	¥7,160
	高速巴士	南國 Express （なんごくエクスプレス）		2 小時 30 分	¥3,600
JR 德島站	JR	特急「劍山」＋特急「南風」 （阿波池田轉車）	JR 高知站	2 小時 35 分	¥5,340
	高速巴士	高知德島 Express （高知徳島エクスプレス）		2 小時 40 分	¥3,600
JR 岡山站	JR	特急「南風」	JR 高知站	2 小時 25 分	¥5,440
	高速巴士	龍馬 Express （龍馬エクスプレス）		2 小時 30 分	¥3,600

市區交通

高知路面電車（土佐電氣鐵道）

· 全線均可使用「四國鐵路周遊券 All Shikoku Rail Pass」。
· 網站：www.tosaden.co.jp

　　雖然高知市內的大部分景點都在步行可到的距離裡，但來到高知市，怎麼能不搭一下當地特色的路面電車呢！一走出 JR 高知站，就可以看見帶著懷舊風情的單節電車在站前等待發車。由土佐電氣鐵道公司所經營的「高知路面電車」，被當地人暱稱為「土電」，1904 年開通，擁有一百年以上的歷史，是日本現存最古老的路面電車。目前高知路面電車共有三條路線，除了高知市內，也延伸到高知市外，班次多，對高知市民而言，是生活上不可少的存在，也很適合作為觀光客的代步工具。

路面電車在「播磨屋橋」（はりまや橋）開始分成三條路線：棧橋線、後免線、伊野線。

JR 高知站

- 棧橋線：從高知車站直線延伸一直到棧橋通五丁目，呈南北向縱貫高知市，又稱「南北線」，與被合稱「東西線」的「伊野線」、「後免線」在「播磨屋橋」站交叉。
- 伊野線：從播磨屋橋往西橫向延伸到郊區的伊野。想要前往高知城者可在此線的「高知城前」站下車。

日本最古老的路面電車

- 後免線：從播磨屋橋往東橫向延伸到郊區的後免町。與伊野線合稱為「東西線」，伊野線、後免線上的行駛電車幾乎都是互相直通的。

復古味十足的高知路面電車

當天可無限次上下車的市內區間一日券是￥500，至於在市內一般搭乘一次的票價是￥200，途中如果需要在播磨屋橋站下車轉車，在下車轉車要投入車錢的同時向車掌索取轉車券（乘換券），在下一次下車時再於投幣箱投入轉車券即可（如果最終下車站超過市內均一區間票價比第一次下車時高時，則需補上差額）。當然，如果手中有一日乘車券或 All Shikoku Rail Pass 就秀給車掌看，即可自由上下車。

乘車月臺

另外，高知路面電車跟公車一樣，下車前記得要按下車鈴，不然可是會過站不停的喔！

電車內部

整理券發行機

關於一日券

　　土電的一日券有兩種版本，「市內版」和「全線版」。一般買「市內版」就夠用了。

1. 一日乘車券【市內版】
　　・票價：￥500。
　　・使用範圍：介良通－曙町東町＆高知站前－棧橋通五丁目。

2. 一日乘車券【全線版】
　　・票價：￥1,000。
　　・使用範圍：土電全線後免町－伊野＆高知站前－棧橋通五丁目。

　　以上，均可直接向電車司機購買。

土電一日券

土佐電氣鐵道圖

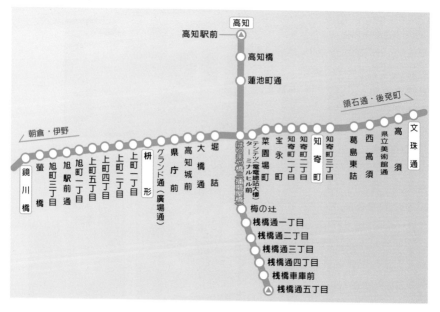

Info

交通 Tip

　　高知觀光官網上有一個相當實用的交通路線查詢網頁「Access 高知」（アクセスこうち）。使用方法跟 Google Map 差不多，先在地圖上找到想要出發的地點，然後在該位置按右鍵，在跳出的小框中點選「出發地設定」，然後再於目的地按一次右鍵，在跳出的小框中點選「目的地設定」，之後再到畫面左邊想要進行移動的日期時間，按下「檢索」後就會跑出建議的行走方式、交通工具與搭乘時間了！

・Access 高知（アクセスこうち）網站：accesskochi.com/searchroute（日文）

省錢 Tip

　　來往於高知市各主要景點的「MY 遊巴士」，從高知站出發，一路經過播磨屋橋、五台山展望臺、竹林寺、桂濱等，非常方便，假日每小時一班，一天九班，平常日則減為一天六班。

　　外國觀光客在高知站前的觀光諮詢中心「高知觀光情報發信館 TORATERASU」（高知観光情報発信館とさてらす）購買 MY 遊巴士的票，並在買票的同時出示護照，就能享有半價優惠！

　　另外，要注意的是，MY 遊巴士的乘車處不在北口的巴士總站，而是在南口的「高知觀光情報發信館 TORATERASU」旁。

車票資訊
・網站：www.attaka.or.jp/kanko/kotsu_mybus.php
・售票處：高知觀光情報發信館 TORATERASU、高知站綠色窗口、WARP、高知龍馬空港總和案內所、各大飯店等。
・停留點：高知站、播磨屋橋、五台山展望臺、牧野植物園正門前、竹林寺前、龍馬紀念館、桂濱。
・費用：JR 高知站－五台山：一日券￥600。
　　　　JR 高知站－桂濱：一日券￥1,000，二日券￥1,600。

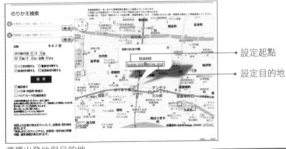

設定起點

設定目的地

選擇出發地與目的地

選擇時間日期

按下「檢索」

輸入日期時間後按下「檢索」

景點介紹

高知城

　　在日本僅剩十二座的木造城堡中，四國就占了四座（高知城、宇和島城、松山城、丸龜城），其中別名「鷹城」的「高知城」聳立在高知市的中央，是典型的「平山城」，也因此是眺望高知市街道的最佳據點。除了天守，城內其他部分都是 24 小時開放，也成為高知市民散步、運動的好去處。由初代土佐藩主山內一豐和他的妻子立下基礎的高知城，現在遺留下來的大多是 1748 年重建的部分，雖然未受到二次世界大戰的戰火影響，不過有一些建築仍因廢城令的發布而遭到毀壞，但整體而言還是不減其價值。

　　高知城正門的「追手門」，位在追手筋的盡頭，在高知城的介紹裡幾乎都會有的一句「日本城堡中唯一能將城門與天守閣一起入鏡」裡頭的城門指的就是追手門，城堡迷與攝影迷來這裡的第一件事就是先站在追手門前舉高相機拍一張追手門與天守閣的合照。和日本多數的城堡一樣，從最初的大門到天守閣之間爬起來非常的耗體力，對於平常完全沒在運動的人可能會有一點辛苦，之所以故意要建造這樣不易登爬的階梯，其實是為了拖延敵人進攻的城堡抵禦機制之一。

大門「追手門」

　　在前往三之丸的石階旁有初代藩主山內一豐妻子千代的銅像。大河劇《功名十字路》，講的便是藩主山內一豐與妻子千代的故事。千代是戰國時代出了名的賢妻，丈夫能成為一城之主千代居功不少，不過藩主山內一豐的造像反而沒有在城內，而是要到追手門外才看得到其手握長鎗騎在馬上威風凜凜的雕像。高知城採螺旋狀往上的結構，穿過連結二之丸與本丸的詰門與廊下門，就能看見被稱為懷德館的本丸書院與天守閣。進入懷德館與天守閣的門票要從旁邊的自動售票機購買，然後再拿到窗口兌換成入場券。經由懷德館可以直接通往天守閣。高知城的天守閣從外觀看是四層，不過內部其實有六層，登上最高層往外眺望，可以一望高知市街與周圍群山，俯瞰整座城堡的外圍輪廓。

Data

高知城
◎網站：kochipark.jp/kochijyo
◎開放時間：9:00 ～ 17:00（入城至 16：30）
　（休館日 12/26 ～ 1/1）
◎費用：¥420（18 歲以下免費）
◎交通：JR 高知站，步行約 25 分鐘；或是土電「高知城前」下車，步行約 5 分鐘

難爬的登城階梯

千代雕像

懷德館與天守閣

展望高知市街

弘人市場

　　從高知城的追手門往東稍走，便是高知著名的新興美食據點弘人市場（ひろめ市場），過去曾經是土佐藩家臣住居，4,000 平方公尺的土地上集合了六十個以上的店家，提供多樣的料理及各種高知名產。弘人市場就像是臺灣夜市和百貨公司美食街的結合，在兩排店中間設有公共用餐區，選好位子後，就可以到各家店一一買齊想吃的東西帶回座位盡情享用。市場早上 8 點就開市，但用餐多是上午 11 點以後才開始。

Data

弘人市場
◎ 網址：www.hirome.co.jp
◎ 開放時間：8:00 ～ 23:00（週日 7:00 ～ 23:00，各店鋪實際營業時間各異，休館日 1/1 及 1 月、5 月、9 月的第二個或第三個週三）
◎ 交通：土電「大橋通」站，步行約 3 分鐘

弘人市場的大門

假日人多的時候最好先 KEEP 位子

專賣地瓜糖籤的「黑潮物產」

「吉岡精肉店」的大塊頭可樂餅只要 120 日圓

明神丸

常常大排長龍

說到高知美食當然就非「半烤鰹魚」（鰹の
タタキ，又被稱為「土佐造」）莫屬。半烤鰹魚
的真正起源已不可考，料理方法是將大塊鰹魚表
面先用大火炙過，然後拍鹽提味，最後再切成至
少 1 公分厚的生魚片，炙烤過的外皮會發出誘人
香氣，魚肉則是呈現玫瑰色。吃時配上蒜片、蔥
花、薑等佐料，再沾上酸柑醋一起入口，大口咬
下 Q 彈魚肉，那種美味，讓人忍不住在心中讚嘆
發明這種吃法的土佐人簡直是天才！

半烤鰹魚定食 850 日圓

半烤鰹魚專賣店的「明神丸」是弘人市場裡
的超人氣店家，用餐時刻總是大排長龍，不過店
家備餐很快，點完餐後馬上就能到櫃檯的另一邊
取餐結帳，點餐時隔著店前的玻璃，還可以看見
師傅用稻草燃起熊熊大火炙烤鰹魚的樣子。明神
丸提供的半烤鰹魚有鹽味（塩タタキ）和醬味（タ
レたたき）兩種口味，推薦鹽味，這是高知的獨
門吃法，以鹽巴引出鰹魚更深一層的美味，一定
要用最新鮮的鰹魚才做得出好吃的鹽味。店裡還
有四萬十川海苔天婦羅、炸溪蝦等使用高知特產
做成的其他料理。

用稻草炙燒鰹魚表面

 明神丸
◎ 營業時間：11:00 ～ 21:00（週日 10:00 ～ 20:00）
◎ 地址：高知縣高知市帶屋町 2-3-1
◎ 交通：土電「大橋通」站，步行約 3 分鐘，弘人市場內

安兵衛

高知市最有名的屋台煎餃在弘人市場裡也吃
得到。超級酥脆的外皮與豐富的內餡，是它受歡
迎的原因，用餐尖峰時間有時要等 20 ～ 30 分鐘。
一人份 7 個 ￥450。

 安兵衛
◎ 營業時間：營業時間：12:00 ～ 21:00
　（週日 11:00 ～ 20:00）
◎ 地址：高知縣高知市帶屋町 2-3-1
◎ 交通：土電「大橋通」站，步行約 3 分鐘，弘人市場內

以煎餃出名的安兵衛

本池澤

提供各式高知當地傳統料理的老店「本池澤」，除了有道地的半烤鰹魚，也接受「皿鉢料理」（二至三人份￥8,640）的預訂。具有高知特色的「皿鉢料理」，是將生魚片、壽司等滿滿的擺上一大盤，是傳統宴會中不可或缺的豪華菜色。午餐限定的半烤鹽鰹定食（鰹鹽たたき定食）￥1,728。

本池澤
◎營業時間：11:00 ～ 15:00，17：00 ～ 21:30
◎地址：高知市本町 2 丁目 1-19
◎交通：土電「大橋通」站，步行約 2 分鐘

本池澤

要價不菲的皿鉢料理

日曜市

除了週一，從週二到週日，在高知不同的地點都有市集舉行，其中以每星期天在追手筋舉行的週日市集「日曜市」最為盛大，這時從高知城的追手門向東延伸的道路追手筋上會聚集超過五百個以上的攤販，綿延超過 1 公里，規模堪稱日本第一。從日出擺攤到日落，販賣的東西從新鮮蔬果、花卉，到骨董、日用品等琳瑯滿目，高知近郊生產的農產品占了五成以上，其他的高知特產如高知冰淇淋（アイスクリン）、地瓜糖簽（芋けんぴ）、四萬十川海苔、土佐打刃物也都可以在這裡看見，在大都會裡要價不菲的地方農產品，在這裡可以既新鮮又便宜的入手，每次總是能吸引上萬人

1. 日曜市
◎舉行時間：每週日 5:00 ～ 18:00
（10 月～翌年 3 月 5:30 ～ 17:00）
◎地點：追手筋

2. 木曜市
◎舉行時間：每週四日出～日落前 1 小時
◎地點：縣廳前（土電「縣廳前」下車）

3. 火曜市
◎舉行時間：每週二早上 6:00 ～日落前 1 小時
◎地點：上町 4 丁目～ 5 丁目之間（土電「上町 5 丁目」下車）

4. 金曜市
◎舉行時間：每週五日出～日落前 1 小時
◎地點：愛宕町 1 丁目

次造訪。而人氣、攤位數僅次於日曜市的是每星期四在高知城南側、高松縣廳前舉行的「木曜市」，雖然出攤數不及日曜市，只有六十攤左右，以蔬菜水果和手作點心為主，但比起人潮洶湧的日曜市，更適合喜歡悠閒氣氛的人。

露天市集

新鮮水果

各種能現吃的鮮食

Café-de-bon

和追手筋平行的帶屋町是高知市最大型的商店街之一，擁有許多值得停留的店家、餐廳。位在帶屋町商店街裡的咖啡廳「梵」（Café-de-bon，カフェ‧ド‧梵），以自家烘焙的啡啡豆和美味的手作戚風蛋糕著稱，咖啡種類繁多，搭配咖啡的戚風蛋糕口味也不少，不管是哪一種戚風蛋糕，外層一律都會抹上雪白的奶油，奶油下的蛋糕則柔軟綿密得叫人吃驚。若想享用正餐，建議可嘗嘗店家特製的泰風咖哩飯。

> **Data**
> Café-de-bon
> ◎ 營業時間：11:30～20:00（週五、週六 11:30～24:00，不定休）
> ◎ 地址：高知縣高知市帶屋町 1-14-33-1F
> ◎ 交通：土電「堀詰」站，步行約 2 分鐘

咖啡廳「梵」

店內座位

招牌戚風蛋糕

RINBELL

　　只有在高知才看得到帽子形狀的「帽子麵包」（ぼうしパン），來高知千萬別錯過。帽子麵包的帽沿和帽子中央部分採不同的麵糰製成，帽沿酥脆、裡頭鬆軟，不僅模樣可愛吸引人，而且一次可以享受兩種截然不同的口感。不過帽子麵包的元祖發明者據稱是專做團膳麵包的「永野旭堂本店」，位在永國寺町住宅區內的「RINBELL」（リンベル）是「永野旭堂本店」的直營麵包店，看似普通的麵包店內除了販賣區，還提供內用的座位區，有時間不妨學著當地人夾個麵包、點杯咖啡悠閒入座。

> DATA
> RINBELL
> ◎營業時間：7:00 ～ 18:00（週日、國定假日休）
> ◎地址：高知縣高知市永国寺町 1-43
> ◎交通：JR 高知站，步行約 15 分鐘

RINBELL 位在住宅區內不太好找

可以在店內用餐

帽子麵包是高知人從小熟悉的味道

播磨屋橋

　　「播磨屋橋」（はりまや橋）是江戶時代高知當地的兩大商家播磨屋與櫃屋，為了方便往來所搭設的私橋，如今則是高知市最重要的道路交叉口，也是高知市路面電車的重要交叉點，經過這裡的公車路線也最多，很多公車不一定經過 JR 高知站，但一定會停靠「播磨屋橋」站。如果要搭乘前往桂濱的公車，建議在這裡候車，班次比較多。

　　原本的「播磨屋橋」已被拆除，本來的位置變成車輛行人熙來攘往的馬路，不過一旁的「播磨屋橋公園」則重現了當初的小川風景，並架設起一座模仿播磨屋橋模樣的紅色小橋，在等車的空檔，可以來這裡拍張紀念照。

Data
播磨屋橋
◎開放時間：自由參觀
◎交通：JR 高知站，步行約 13 分鐘；或是土電「播磨屋橋」（はりまや橋）站，下車即達

復原的播磨屋橋

現在的播磨屋橋

播磨屋橋公園

半烤鰹魚便當

「半烤鰹魚便當」（かつおたたき弁当，¥1,100）不只是高知站，甚至可説是全四國車站最暢銷的鐵路便當，用的是高知著名的半烤鰹魚當主菜，如果看到了趕快下手吧！不然下次經過時搞不好就沒有了。

半烤鰹魚便當
◎交通：JR 高知站內

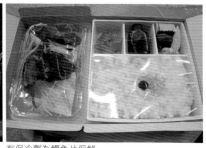

高知站獨賣的「半烤鰹魚便當」

有保冷劑為鰹魚片保鮮

桂濱

著名的桂濱位在高知市南方的浦戶灣口，夾在龍頭岬與龍王岬之間，面臨浩瀚的太平洋，弓形的海岸線上布滿美麗的白沙，來自太平洋的大浪一波波地擊打上岸，讓桂濱成為高知縣最具代表性的觀光景點。此外，龍頭岬上往海面凝望的坂本龍馬銅像，也總是吸引絡繹不絕的遊客前來造訪。

同樣位在桂濱公園內的，還有保留了高松鬥犬傳統的土佐鬥犬中心，以及適合親子同樂的桂濱水族館；另外還有一座外型新穎獨特的坂本龍馬記念館，就聳立在離海濱不遠的山丘上。

桂濱
◎開放時間：自由參觀
◎交通：從播磨屋橋（はりまや橋）搭高知縣交通巴士，車程 30 分鐘（¥620），「桂濱」站下車步行約 5 分鐘

交通 TIP

前往桂濱一帶請搭乘有標示「桂浜行」的巴士，雖然從 JR 高知站北口前面也能搭到前往桂濱的巴士，但班次較少；建議到播磨屋橋那裡的巴士站「南播磨屋橋」（南はりまや橋）等車，前往桂濱的巴士都會經過這一站，班次比較多。

含座臺全高 13.5 公尺的龍馬像

龍馬像

來自太平洋的激流

弓形的美麗海灣

龍王岬

抵達桂濱前的濱海公路「桂濱花海道」

坂本龍馬記念館

　　2011 年才開館的高知縣立坂本龍馬記念館，建築風格新穎獨特，像是兩個巨形的長方盒交疊。館內收集了與龍馬相關的珍貴史料，並詳細介紹龍馬的生平，是喜歡這位幕末英雄的人，絕對不能錯過的地方。如果造訪桂濱的同時，又想拜訪龍馬記念館，建議先到龍馬記念館站，在巴士開到「龍馬記念館前」站時就先下車。因為記念館位在山麓上，參觀完記念館後再往下走到海邊，這樣可以節省腿力。

Data
坂本龍馬記念館
◎ 開放時間：9:00 ～ 17:00
◎ 費用：￥500
◎ 交通：從播磨屋橋（はりまや橋）搭高
　　知縣交通巴士，車程 26 分鐘（￥620），
　　「龍馬記念館前」站下車步行約 2 分鐘

氣勢磅礡的龍馬記念館

沿著指標就能前往桂濱或龍馬銅像所在處

麵包超人

　　在高知甚至整個四國，不時都能夠發現麵包超人的蹤影，坐火車時，運氣好還能瞥見整列車身都被麵包超人和他的朋友們占領的麵包超人列車呢！究竟麵包超人跟四國有什麼樣的關係呢？原來麵包超人的作者漫畫家柳瀨嵩（やなせたかし）正是出身高知縣，在漫畫家故鄉的香美市，還有一座以麵包超人為主題的麵包超人美術館。2000 年 JR 四國首次在土讚線推出麵包超人列車，立刻引起廣大迴響，從此麵包超人列車開始攻占四國其他 JR 路線，現在四國島內的每條 JR 線幾乎都可以看見麵包超人列車的蹤影，如果遇到麵包超人列車，不用害羞大方上前搶拍沒關係，因為你不會是唯一的一個。

Info

交通 TIP

· 麵包超人列車大致上可分成三類：僅車頭前有圖案、列車全車身彩繪、車身彩繪外內裝也有麵包超人的觀光列車。前兩種班次眾多，通常不用太刻意就能在月臺碰見，第三類特殊列車只在特定期間、特定路線行駛，目前主要有 YUYU 麵包超人車廂（ゆうゆうアンパンマントカー）和麵包超人觀光小火車（アンパンマントロッコ），如要確認班次細節、路線時間可至 JR 四國官網查詢。

· JR 四國麵包超人專頁：www.jr-eki.com/aptrain

四國跑透透的麵包超人列車

連車站的牆面上都有

車頭有小病毒的圖案

麵包超人專賣店高知店

　　從 JR 高知車站的正門口進入車站，看見左手邊的通路，直走進入後會看見一個滿室都是麵包超人的幸福空間，這是 JR 高知車站內的麵包超人專賣店（アンパンマンテラス高知）。此處是繼東京、橫濱的專賣店後，全日本第三個設立的點，裡頭販賣各種麵包超人玩具、紀念品，抽不出時間前往位在香美市的麵包超人美術館，來這裡逛一圈也算是一種偷吃步。

Data
麵包超人專賣店高知店
◎營業時間：8:00 ～ 19:30
◎交通：JR 高知站內

麵包超人專賣店　　　　　　　　　　想要立刻打包一隻回家

麵包超人美術館

　　在麵包超人作者的故鄉高知縣香美市，有一座以麵包超人為主題打造的麵包超人美術館（アンパンマンミュージアム），麵包超人和他的朋友們會以塑像、壁畫、玩偶等各種型態，出現在美術館內外，是一個充滿童趣的世界。

Data
麵包超人美術館
◎網站：www.anpanman-museum.net
◎開放時間：9:30 ～ 16:30（7 月 20 日～ 8 月 31 日 9:00 ～ 16:30，每週二休館，遇國定假日則翌日休）
◎費用：￥700
◎交通：從 JR 土佐山田站搭 JR 四國巴士大栃線，車程 23 分鐘（￥620），「麵包超人美術館站前」（アンパンマンミュージアム前）下車
◎巴士時刻表：www.jr-shikoku.co.jp/bus/businfo/rosen_tosa/tosa-ototi.htm

麵包超人美術館

可愛的麵包超人塑像

土佐 高知縣 四萬十川

　　聽到「四萬十川」，常看日本節目尤其是美食節目的人，腦子裡首先浮現的應該正是那游動在清澈河中的野生肥美鰻魚吧！而之所以能夠孕育出極品河魚，全是因為四萬十川的得天獨厚。流經高知縣西部、主流長 196 公里的四萬十川不只是四國最長的河川，清淨優良的水質讓它有「日本最後的清流」之稱。除了青山綠水，河流上的「沉下橋」也是四萬十川的一大代表風景。

四萬十川

兼具攔沙壩功用的沉下橋

如何到四萬十川？

　　從 JR 高知站要到土佐黑潮鐵道的中村站，可直接從高知站搭特急列車抵達，中途無須換車。

從	搭乘		到	時間	車資
JR 高知站	JR	特急南風 / 特急足摺	中村站	1 小時 40 分	¥ 4,140
	高速 巴士	四萬十 Liner （しまんとライナー）	中村站	2 小時 30 分	¥ 2,900
	JR	特急南風 / 特急足摺 + 普通 （窪川轉車）	JR 江川 崎站	2 小時 2 分	¥ 3,490
JR 松山站	JR	特急宇和海 + 普通 （宇和島轉車）	JR 江川 崎站	2 小時 25 分	¥ 3,610
JR 京都站	高速 巴士 （夜行）	四萬十 Blue Liner （しまんとブルーライナー）	中村站	10 小時 5 分	¥ 9,800
JR 大阪站	高速 巴士 （夜行）	四萬十 Blue Liner （しまんとブルーライナー）	中村站	8 小時 50 分	¥ 9,300

中村站的候車室

從高知站搭特急到中村大約需要 2 小時

區域交通

要親近四萬十川的話，一般會以 JR 的「江川崎站」或土佐黑潮鐵道的「中村站」為據點，展開四萬十川的旅行。江川崎站一帶的中游可以進行獨木舟體驗，而中村站所在的下游則是以觀光遊覽船「舟母船」、「屋形船」為主，不論是在江川崎或中村，都能夠在當地租借汽車或腳踏車，按自己的步調順流而下或逆流而上沿著四萬十川而行。

要前往中村站，有直接從高知站出發開到中村站的特急列車，要前往江川崎站則要在窪川站換車。

從窪川到宇和島站的這一段 JR 鐵道路線被稱為「予土線」，江川崎站是其中一站。行駛在予土線上的雖然都是站站皆停的普通列車，但車速頗快，可以領略翻山越嶺的樂趣，等抵達予土線的終點宇和島站後就又有特急列車可以換乘了。

中村地區地標之一的「赤鐵橋」　　江川崎站　　　　　　　　　行駛在予土線上的普通車

景點介紹

四萬十綠色路線

　　連結窪川站和宇和島站的予土線，從窪川站開始到江川崎站為止幾乎一路都是沿著四萬十川在走，因此又被稱為「四萬十綠色路線」（しまんとグリーンライン），四萬十川上有多達 47 座沉下橋，這一段就囊括了快一半，也因此就算是單純坐在列車裡也能欣賞到四萬十川與沉下橋的明媚風光，觀光小火車「四萬十 Torocco」（しまんととロッコ）走的也正是這條路線，即使無法坐到觀光小火車，搭乘一般的普通列車，樂趣也相去不遠。行駛在這條路線的都是只有一列車廂的 ONE-MAN 列車，站站皆停，行駛速度卻極快，等車子開過窪川站就要繃緊神經，嚮往中的沉下橋就從這裡開始陸續登場，四萬十川會一下在列車的左邊、一下又在列車的右邊，沉下橋也就因此隨著疾馳的火車忽東忽西，突然出現、突然消失，讓旅客也一下驚喜、一下失落，驚呼聲不斷。

沉下橋

不只是沉下橋，沿途美景接連不斷

沿途美景

途中的沉下橋

鐵路桁架

觀光小火車四萬十 Torocco

彷彿玩具車一樣的黃色小火車穿梭在綠色的群山與溪流之間，由日本最早的觀光小火車改製而成的「四萬十 Torocco」（しまんとトロッコ），可以透過大車窗觀賞沿途的四萬十川美景。全車指定席，搭乘前請先到綠色窗口預約劃位。

> **DATA**
> 四萬十 Torocco
> ◎ 網站：www.jr-shikoku.co.jp/01_trainbus/event_train/simantorokko.html
> ◎ 行駛路線：窪川站→宇和島站，宇和島站→窪川站，每天各一班
> ◎ 行駛期間：週末例假日，暑假每天，12 月～翌年 2 月停駛

出租腳踏車 HATAJI

腳踏車出租 HATAJI（レンタサイクルはたじ）位在中村站的正對面，有普通腳踏車和電動腳踏車，還可免費寄放行李，非常方便。從中村站騎車前往最近的佐田沉下橋，單程約 50 分鐘。

> **DATA**
> 出租腳踏車 HATAJI
> ◎ 費用：腳踏車 5 小時內￥600，24 小時內￥1,000；電動腳踏車 5 小時內￥1,000，
> 　　24 小時內￥1,500
> ◎ 營業時間：8:30 ～ 19:00
> ◎ 地址：高知縣四万十市駅前町 5-8

> **Info**
> **其他可以租腳踏車的地點**
> 　　以下可在不同地點還車，適合想要騎中長程的人。對腳力有自信的人不妨試著挑戰看看從 JR 江川崎一路沿著河濱騎到中村站（約 40 公里），還能夠有機會看到勝間沉下橋附近橫川懸掛的長排鯉魚旗！
> 1. 四萬十市觀光協會
> 　‧費用：5 小時內￥600，24 小時內￥1,000。
> 　　　（四萬十市觀光協會以外地方還車：當天￥1,500，24 小時內￥2,000）
> 　‧營業時間：8:30 ～ 17:30。
> 　‧地址：高知 四万十市右山 383-15（從中村站步行 8 分鐘，四萬十特產館旁）
> 2. 四萬十故鄉案內所（四万十川ふるさと案內所）
> 　‧費用：當天￥1,500，24 小時內￥2,000。
> 　　　（可選擇在四萬十市觀光協會、獨木舟館（カヌー館）、新四萬十皇家飯店（新ロイヤルホテル四万十）等地方還車）
> 　‧營業時間：8:30 ～ 17:30（週三休）。
> 　‧地址：JR 江川崎站前。

中村站正對面的腳踏車出租 HATAJI

單程近 1 小時

觀光遊覽船

　　來到四萬十川可以選擇搭乘觀光遊覽船來遊覽四萬十川風光。除了傳統的屋形船，還有張著美麗白色風帆的舟母船。

1.「四萬十之碧」
航行路線為三里沉下橋與佐田沉下橋之間。兩人以上預約乘船，可請船公司到車站免費接駁（僅單程）
◎ 網站：www.shimanto-ao.com
◎ 運行時間：9:00 ～ 16:00 間每小時 1 班，航行時間 60 分鐘
◎ 費用：￥2,000
◎ 交通：中村站坐計程車約 20 分鐘

2.「舟母浪漫」
經營極具特色的復古白色風帆舟母船
◎ 網站：www.40010river-senbaroman.com
◎ 運行時間：9:15 ～ 15:00 間每小時 1 班，航行時間約 45 分鐘（1/1 ～ 3/19 停駛）
◎ 費用：￥2,500
◎ 交通：中村站搭計程車約 10 分鐘；或是事先聯絡船公司接送

屋形船

舟母船乘船處

佐田沉下橋

　　「沉下橋」的最大特色就是橋面上沒有欄杆，貼近河面架設的沉下橋一遇到河水暴漲立即就會被大水淹沒，既然激流輕易就能衝斷橋上的欄杆影響橋體，索性就不要欄杆了吧！只有最簡素的橋身才能發揮最大的功效，在整個四萬十川流域有 47 座沉下橋，最接近中村站、也最接近河口的佐田沉下橋全長 291.6 公尺，是四萬十川沉下橋中最長的一座，曾多次出現在日本偶像生田斗真 2012 年主演的連續劇《遲開的向日葵》中。

佐田沉下橋
◎ 開放時間：自由參觀
◎ 交通：中村站搭計程車約 20 分鐘，或是騎腳踏車約 50 分鐘

一部車剛好可通行的寬度

佐田沉下橋

為了準備隨時「沉下」而沒有欄杆

四萬十川的經典印象

沉下橋中長度最長的佐田沉下橋

一文家

位在四萬十特產館（物產館サンリバー四万十）內的「一文家」（いちもん家）提供各種四萬十川的當地新鮮美味，青海苔、川蝦、鰻魚等都能在這裡品嘗到。半烤鰹魚丼（鰹たたき丼）¥990，足摺真海定食（足摺まっこと海御膳）¥1,580。

> **Data**
> 一文家
> ◎營業時間：11:00 ～ 20:30（2 ～ 3 月 11:00 ～ 19:30）
> ◎地址：高知県四万十市右山 383 番地 7
> ◎交通：中村站，步行約 10 分鐘

四萬十特產館

一文家

提供各種高知在地美食

阿波 德島縣 德島

　　德島位在四國的東部，面臨瀨戶內海與太平洋，別名「阿波」，以鳴門渦潮與阿波舞祭著稱。由於山地地形就占了全域八成以上，因此在驚人的漩渦奇觀之外，也誕生了以陡峭的峽谷馳名的大步危與小步危，這樣的地理位置與地形也為德島帶來了豐富的物產，不論是在農產品或海產上，尤其是鳴門金時地瓜、阿波雞等，都是德島得到極高品質的評價、享譽全國的知名特產。特別是德島靠著大鳴門橋、明石大橋與本州的近畿地方（大阪及其周邊）連結，更有利於當地產品的輸出與販賣，因此德島的經濟、文化及方言與近畿地方的關聯性較強，反而較少受四國其他三縣影響。

精采的阿波舞祭（德島觀光協會 提供）

　　受到二次大戰影響，德島市內並無可觀的歷史古蹟存留，縣內以山、川、海的自然名勝居多，不過傳統的文化民俗卻未曾喪失。說到德島就不能不提的阿波舞祭，是擁有四百年歷史的庶民祭典，每年8月舉行，祭典期間會有超過一百萬人從全國各地湧入，街頭上成千上萬的人一起跳著傳統的阿波舞，壯觀無比。德島同時也是宗教之旅——長達1,460公里、繞行八十八所寺廟的「遍路之旅」的起點。

如何到德島？

從		搭乘	到	時間	車資
JR 高松站	JR	特急渦潮	JR 德島站	1 小時	￥2,640
	高速 巴士	高德 Express （高德エクスプレス）		1 小時 35 分	￥1,650
JR 松山站	JR	特急石鎚 + 特急渦潮 （高松轉車）	JR 德島站	3 小時 45 分	￥8,250
	高速 巴士	吉野川 Express （吉野川エクスプレス）		3 小時 10 分	￥4,400
JR 高知站	JR	特急南風 + 特急劍山 （阿波池田轉車）	JR 德島站	2 小時 35 分	￥5,340
	高速 巴士	高知德島 Express （高知德島エクスプレス）		2 小時 40 分	￥3,600
JR 大阪站	高速 巴士	阿波 Express 大阪號 （阿波エクスプレス大阪号）	JR 德島站	2 小時 40 分	￥3,700
JR 京都站前		阿波 Express 京都 （阿波エクスプレス京都号）		3 小時	￥4,200
JR 新神戶站		阿波 Express 神戶號 （阿波エクスプレス神戶号）		2 小時 5 分	￥3,300
德島阿波 空港		利木津巴士（リムジンバス）	JR 德島站	30 分	￥440

市區交通

　　德島市裡沒有像松山市或高知市那樣的路面電車系統，因為德島市區範疇不大，建議步行即可。如果想要進行比較中長程的移動，則可利用巴士。

　　在德島市內與近郊營運的巴士公司有以下：

‧德島巴士：主要經營中長程的路線，負責聯絡德島市與其他外縣市的交通。可搭「鳴門公園線」前往鳴門公園、「德島空港線」前往德島空港、「大麻線」前往大麻神社，另經營前往其他縣的長途巴士。

‧德島市營巴士：主要行駛於德島市內。

Data

◎ 巴士路線、時刻表查詢網站：http：//www.tokushima-tdm.jp/bus/pc/search_map.html（日文）
◎ 可從地圖上點選出發地與目的地，查詢巴士班次與轉乘資訊
◎ 德島巴士網站：www.tokubus.co.jp

德島市地圖

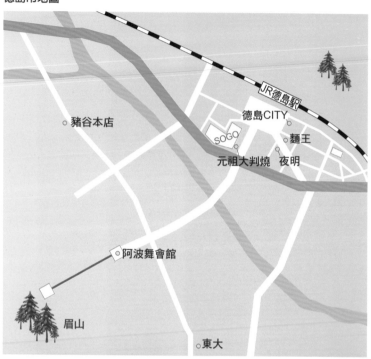

JR德島駅

豬谷本店

德島CITY

SOGO

麵王

元祖大判燒　夜明

阿波舞會館

眉山

東大

漫長的遍路之旅

德島站前廣場同時是巴士總站

德島巴士站牌

景點介紹

四國八十八所巡行

　　在四國有八十八間與古代弘法大師有關聯的寺廟，而這些由這位在日本備受景仰的佛教真言宗開祖創建，或是曾經到訪、傳道的八十八間箇所寺廟，被稱為「四國八十八所」或「四國靈場」。這八十八間箇所有的座落在海濱，有的則在山野之間，循著弘法大師的足跡一一參拜這八十八間箇所的行動，則被稱為「四國巡拜」或「四國遍路」。繞足四國全境的「四國巡拜」全程長達 1,460 公里，徒步需要 40 天，利用火車跟公車等大眾交通工具大約也要 20 天，自己開車或參加專門旅行團也要近 10 天，是一段考驗恆心與毅力的旅程。

每座箇所間的距離或近或遠

八十八所的納經帳朱印

即使是在城市鬧區也能看見遍路者的身影

這些進行四國遍路的巡禮者被四國當地人稱為「遍路者」（お遍路さん），遍路者到達箇所後要參拜本堂與大師堂，以及頌經，最後再到納經所請寺方人員在自己攜來的「納經帳」上留下梵字、蓋下朱印，「納經帳」就像是集印冊一樣，等蓋完八十八所寺廟的朱印後，也證明四國巡拜已經完成。

　　除了必攜的納經帳，遍路者還有標準裝扮，身穿書有「同行二人」文字的白衣、手持代表弘法大師的金剛杖、頭戴笠帽，都能讓人一眼明瞭他是正在進行四國遍路的遍路者。至於為什麼是「同行二人」呢？是表示同行上路的伙伴人數？事實上不管有幾個同行伙伴，就算只有一個人，一樣是「同行二人」，除了自己自身，「同行二人」中的另外一人正是弘法大師，不管途中遇到什麼艱辛痛苦的事，都要想著有弘法大師在陪著，精神上絕不孤單無助。

　　在四國即便是市區也能看見遍路者們的身影，為了信仰、許願或還願，還是想要沉澱心靈、挑戰自我，無論是基於什麼理由而踏上這段漫長的旅程，都讓人忍不住對這些徒步上路的遍路者投以敬佩的目光。除了敬佩，還有欣羨，雖然未出四國，但心境上卻絲毫不輸給遊歷多國的壯遊。

遍路者裝扮的假人模特兒

即使只有一個人仍是「同行二人」

靈山寺

　　進行四國遍路有一定的順序，當然不按箇所順番來參拜也可以，或者逆著順序「逆打」來走也行。一般按著順序是先從德島的箇所寺廟開始，然後高知、愛媛、香川，順時針地把四國繞一遍，因為是從德島開始，所以德島的靈場有「發心的道場」之稱，而德島鳴門市的「靈山寺」正是這段長旅的起點。

　　「靈山寺」是四國八十八所的第一號，多數的遍路者都以這「一番所」作為起點，在此發願並立誓遵守十善戒，展開遍路之旅，直到抵達八十八所最後一所的大窪寺才算完成整趟巡行，也因此，靈山寺旁的賣店裡有各種巡禮必需品。靈山寺的參拜者、遍路者終年不絕於途，這裡大部分的遍路者臉上還未現疲憊，身上白衣仍嶄嶄如新，距離終點雖然遙遠，只要堅持終能抵達。

DATA
靈山寺
◎ 開放時間：7:00 ～ 17:00
◎ 交通：JR 板東站，轉德島巴士「靈山寺前」站下車；或是從 JR 板東站步行 15 分鐘

德島的靈山寺是遍路之旅的起點

一番守

參拜者絡繹不絕

阿波舞會館

　　阿波舞會館（阿波おどり会館）一樓是土產販賣中心，二樓是阿波舞會場，終年都能看到阿波舞的演出，三樓是阿波舞博物館，頂樓則有纜車站，能搭乘通往後方眉山山頂的纜車。

　　阿波舞的演出為一天四場，下午2點、3點、4點及晚上8點開演，週末例假日則會在早上11點加演一場。

阿波舞會館
◎網站：www.awaodori-kaikan.jp
◎交通：JR 德島站，步行約 10 分鐘

土產中心
◎開放時間：9:00 ～ 17:00

阿波舞博物館
◎開放時間：9:00 ～ 17:00
◎費用：￥300

阿波舞表演
◎費用：白天場￥600，晚間場￥800

登山纜車
◎開放時間：9:00 ～ 17:30
◎費用：單程￥610，來回￥1,020
　有組合套票可以買

阿波舞會館

元祖大判燒

　　日本的「大判燒」即我們的車輪餅，JR 德島站前的 SOGO 樓下有一間「元祖大判燒」（元祖大判焼あたりや）現烤的大判燒（￥60）皮薄

餡多，深受當地人喜愛，總是大排長龍，每個人都是十個十個的在買。

單買一個也可以

元祖大判燒
◎營業時間：10:30 ～ 18:00（週二休）
◎地址：德島縣德島市元町 1-24
◎交通：JR 德島站，步行約 5 分鐘

雖然客人很多但移動速度很快

自動化的生產線

德島拉麵

　　説到德島就想到鳴門渦潮，不過這個德島一哥最近地位有些動搖的跡象，新冒出來的德島人氣王正是「德島拉麵」。不讓北海道拉麵或九州拉麵專美於前，細麵加上重口味的豚骨湯頭，熬煮得甜鹹甜鹹的豬五花肉，然後打上一顆生雞蛋，一開始先嘗一口原味，再來就用筷子刺破蛋黃，讓蛋液與麵湯融合，整碗德島拉麵的味道會變得更加馥郁圓潤，就是德島拉麵的主要特色。

　　德島拉麵又分「黑系」、「白系」和「黃系」三派。「黑系」是濃厚的豚骨湯頭加濃口醬油，「白系」是豚骨湯頭加薄口醬油，「黃系」則是以清湯為基底。德島市中心多是「黑系」和「黃系」的德島拉麵店，「白系」則要到德島縣的南部才比較看得到。因為當地人是把德島拉麵拿來配菜白飯一起吃的，所以以德島拉麵比一般拉麵來得小碗，食量普通的人一次連吃個兩三碗也不是問題，對德島拉麵充滿興趣的人，不妨多吃多比較吧！

到處林立的德島拉麵店

德島的新一哥德島拉麵

麵王

　　位在在德島車站前的麵王本店，交通方便，是許多來到德島的觀光客的首選，進店前需在店門口的售券機選購餐券，麵有軟（やわめん）、普通（ふつうめん）、硬（かためん）、最硬（バリかためん）四種可以選擇，決定好麵條軟硬度後，千萬不要忘了再加點一顆生雞蛋，這可是德島拉麵的最大特徵。另外這家麵王的重要特色之一，就是桌上種類豐富的調味料、配料，有大蒜、芝麻、胡椒、高菜、辣豆芽菜等，可隨個人喜好添加各種配料，享受味道變化。根據經驗，拉麵店的小缽配菜常會有讓人驚豔的表現，麵王的辣豆芽菜就是如此，尤其是與濃湯結合後，更是激盪出驚人的美味，值得一試。

打入生蛋

麵王站前本店

　麵王德島站前本店
◎ 營業時間：11:00 ～ 24:00
◎ 地址：德島県德島市寺島本町東 3-4 旭ビル 1 F
◎ 交通：JR 德島站，步行約 3 分鐘

豬谷本店（いのたに本店）

　　開業近 50 年僅此一家別無分號的德島拉麵老店，曾做為德島拉麵的代表出席全國性的拉麵大展，鹹中帶甜的特殊風味令人著迷。店外觀不太起眼加上店面內縮，一不小心就會錯過，店內呈 U 字形的吧台餐桌和一般連鎖店類似，雖是名店卻充滿在地氣氛，在這裡用餐讓人不禁有一股自己是當地居民的錯覺。

Data

豬谷本店
◎ 營業時間：10:30 ～ 17:00 或賣完（週一休，遇國定假日則翌日休）
◎ 交通：JR 德島站，步行約 15 分鐘；或搭德島市營巴士「西大工町 3 丁目」站下車步行約 2 分鐘

Info

德島拉麵其他店家資訊

1. 兩國
   茶系德島拉麵。以豚骨為基底的湯頭搭配細直麵。
   ・ 營業時間：11:30 ～ 14:00、18:00 ～ 00:00。
   ・ 交通：JR 德島站，步行約 7 分鐘。

2. 三八
   擁有讓來自臺灣的我們忍不住噗滋一笑的店名，拉麵店「三八」是德島拉麵「黃系」的掌門人，以豚骨和雞骨熬出的麵湯呈現金黃色，喝來清爽順口。
   ・ 營業時間：10:30 ～ 21:00（週二休）。
   ・ 交通：JR 德島站，搭德島市營巴士，車程約 12 分鐘，「東田宮」站下車。

3. 夜明（よあけ）
   ・ 營業時間：11:00 ～ 23:00（週三休）。
   ・ 交通：JR 德島站，步行約 3 分鐘。

4. 拉麵東大大道本店
   ・ 營業時間：11:00 ～凌晨 4:00。
   ・ 交通：JR 德島站，步行 15 分鐘；或搭德島市營巴士「大道一丁目」站，下車即達。

5. 巽屋
   ・ 營業時間：10:30 ～ 20:15（週三休，遇國定假日則翌日休）。
   ・ 交通：JR 德島站，搭德島市營巴士約 11 分鐘「西張北」站下車，步行約 3 分鐘。

名店「豬谷本店」的拉麵

與黑系截然不同的黃系德島拉麵

夜明

阿波 德島縣 鳴門渦潮

　　位於鳴門與淡路島之間，全長 1,629 公尺的超長吊橋「大鳴門橋」，是連結本州與四國的要道之一，橋下的「鳴門海峽」潮流洶湧，更以「渦潮」舉世聞名。因為位置、地形、潮流等種種複雜因素，在漲退潮之際鳴門海峽的海域會產生無數的漩渦，在大潮的日子漩渦直徑甚至會大到 20 公尺，加上隆隆水聲，氣勢驚人。要觀賞這壯觀的鳴門渦潮，一般有三種方法：渦潮觀賞步道、觀潮船、展望臺。

· 渦潮的最佳觀賞時刻是漲退潮的前後一個半小時內，確認潮汐時間可至以下網址：www.uzunomichi.jp/chinese/category/0002107.php

壯觀的鳴門渦潮（德島觀光協會 提供）

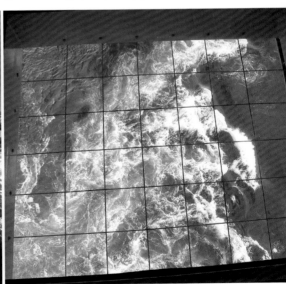

洶湧的潮流

如何到鳴門？

前往鳴門公園一般會先搭 JR 到 JR 鳴門站再轉巴士，不過因為鳴門線屬於地方支線，雖然有從 JR 德島站直接發往 JR 鳴門站的電車，但班次不多，非直達車得在池谷站等轉車，特別是從香川縣過來的情況下，中間有時會出現超過半小時的空檔，此時還不如直接從 JR 德島站搭巴士到鳴門公園快呢！所以事前一定要先做好功課，不論是 JR 時刻表，還是巴士時刻表，都要先確認好。

· 鳴門公園線巴士時刻表：tokubus.co.jp/wptbc/routebus/#tbc
· 巴士路線、時刻表查詢網站：www.tokushima-tdm.jp/bus/pc/search_map.html

另外，以德島為目的地站從京阪神過來的高速巴士，幾乎都會停靠鳴門公園，從京阪神過來的人選擇直接在這裡下車，就可以省下還要從德島過來的這一段！必須要注意高速巴士的「鳴門公園口」站與「高速鳴門」站是截然不同的地方，千萬不要弄錯。

如果沒做好轉車安排，可能得在池谷站空等

從	搭乘		到	時間	車資
JR 德島站	JR	普通	JR 鳴門站	35 分	¥360
JR 高松站	JR	特急渦潮＋普通（池谷轉車）	JR 鳴門站	1 小時 14 分	¥2,640
JR 鳴門站	巴士	德島巴士（鳴門公園線）	鳴門公園	25 分	¥310
JR 德島站				1 小時 20 分	¥710
德島阿波空港	利木津巴士（リムジンバス）		鳴門公園	40 分	¥470
JR 大阪站	高速巴士	阿波 Express 大阪號（阿波エクスプレス大阪号）		2 小時 10 分	¥3,250
JR 京都站前		阿波 Express 京都（阿波エクスプレス京都号）	鳴門公園口	2 小時 30 分	¥3,750
JR 新神戶站		阿波 Express 神戶號（阿波エクスプレス神戸号）		1 小時 30 分	¥2,850

景點介紹

渦之道

　　設置在大鳴門橋桁架間的渦潮觀賞步道「渦之道」，總長 450 公尺，與海平面的距離只有 45 公尺。「渦之道」也是鳴門公園內最受歡迎的觀渦設施，別看渦之道不長，走起來還頗費時間的，不過全程都可以透過旁側的玻璃窗觀賞海上景致，一點也不無趣。步道的盡頭有南北兩間展望室，透過展望室內的玻璃地板，雄偉的渦潮景象就呈現在眼下。

渦之道

渦之道
◎ 網址：www.uzunomichi.jp
◎ 開放時間：9:00 ～ 17:30（10 月～翌年 2 月 9:00 ～ 16:30）
◎ 費用：￥510
◎ 交通：巴士站「鳴門公園」下車，步行約 10 分鐘

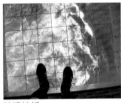
玻璃地板

渦潮展望室

觀潮船

　　乘坐「觀潮船」也是一種能夠近距離觀賞渦潮的方式。觀潮船有大小型之分，比起大型觀潮船，小型觀潮船能更接近渦潮，另外還有很酷的水中觀潮船，可以在水面下約 1 公尺的地方透過船側的觀景窗，觀看漩渦在水中的模樣。

觀潮船的候船處

1. 渦潮汽船（うずしお汽船）
◎ 運行時間：8:00 ～ 16:30 之間每半小時一班，每趟約 20 分鐘
◎ 費用：￥1,550
◎ 交通：從鳴門搭鳴門市營巴士，車程 19 分鐘，「龜浦口」（龜浦港）下車
◎ 備註：只有渦潮汽船是由「龜浦港」出航，以下是從南邊的「龜浦觀光港」出航

2. 大型觀潮船 Wonder Naruto（大型觀潮船わんだーなると）
◎ 運行時間：9:00 ～ 16:20 之間每 40 分鐘一班，每趟約 30 分鐘
◎ 費用：￥1,800
◎ 交通：從鳴門站搭德島巴士，車程 19 分鐘，「鳴門觀光港」下車

3. 水中觀潮船 Aqua Eddy（水中觀潮船アクアエディ）
◎ 運行時間：9:15 ～ 16:15 之間每 30 分鐘一班，每趟約 25 分鐘
◎ 費用：￥2,400（需預約，網站：www.uzusio.com）
◎ 交通：從鳴門站搭德島巴士，車程 19 分鐘，「鳴門觀光港」下車

渦潮展望臺

在鳴門公園內有數座渦潮展望臺。距渦之道徒步約 2 分鐘路程的「千疊敷展望臺」，有大鳴門橋當背景，是絕佳的拍照景點，也是鳴門公園內最受歡迎的展望臺之一。再來，便是位在鳴門山山頂的「鳴門山展望臺」，利用全長 68 公尺的電動手扶梯「Eskahill 鳴門」（エスカヒル鳴門），能一口氣登上山頂。另外，在距離渦之道不遠處有一座為了紀念大鳴門橋的開通，而建立的「大鳴門橋架橋紀念館 Eddy」（大鳴門橋架橋記念館エディ），館中有以大螢幕播放渦潮景象，並介紹大鳴門橋的歷史與構造，屋頂還有個能一眺海峽風光的展望臺。

Data

1. 千疊敷展望臺
◎ 開放時間：自由參觀
◎ 交通：巴士站「鳴門公園」，步行約 7 分鐘

2. Eskahill 鳴門（エスカヒル鳴門）
◎ 開放時間：8:30 ～ 17:00
◎ 費用：￥400
◎ 交通：巴士站「鳴門公園」，步行 5 分鐘

3. 大鳴門橋架橋紀念館 Eddy（大鳴門橋架橋記念館エディ）
◎ 開放時間：9:00 ～ 16:30
◎ 費用：￥610
◎ 交通：巴士站「鳴門公園」，步行 5 分鐘

Info

省錢 Tip

如果想要體驗兩種以上不同渦潮觀察方式，可以考慮以下的套票組合，能省下快￥200 以上喔！

- 套票組合 1. 渦之道 & 大鳴門橋架橋紀念館 Eddy：￥900（原價￥1,120）
- 套票組合 2. 渦之道 & Eskahill 鳴門：￥710（原價￥910）
- 套票組合 3. 渦之道 & 渦潮汽船：￥1,800（原價￥2,060）
- 套票組合 4. 渦之道 & 鳴門觀光汽船：￥2,030（原價￥2,310）
- 販賣地點：上述景點售票處。

Eskahill 鳴門

千疊敷展望臺

渦之道的入口

大鳴門橋

阿波 德島縣 祖谷

發源自德島縣西部山脈的祖谷溪，湍急的溪流將結晶片岩切割成V字形的峽谷，古來便是個交通困難的地方，也因此得到了「大步危」、「小步危」這樣的稱呼，有「大步走很危險」、「小步走也危險」的意思，險峻的地形阻礙了祖谷對外的聯繫，也讓這裡有「祕境」之稱。相傳平安時代一度權傾天下的平氏家族在遭到征討之後，殘存的平家遺族一路潰逃到這祖谷山地才得以安身，祖谷也多了「平家落人的隱居之處」這個標籤，由此就可以知道祖谷有多偏僻了。只是到了今日，所謂的「祕境」都一一淪陷成為觀光客蜂擁朝聖的觀光地，神祕不再，即便如此還是改變不了它地處偏遠的事實。

大步危站

日本三大祕境之一的祖谷

特急列車都會停靠大步危站

清澈的溪流

如何到祖谷？

祖谷雖然位處德島，但要搭火車前往，從高知或香川縣出發也很便捷，每小時都有一個特急班次往返高知與香川縣之間，途中會經過作為祖谷旅遊最佳起點的大步危站。

從		搭乘	到	時間	車資
JR 德島站	JR	特急劍山 + 特急南風 （阿波池田轉車）	JR 大步危站	1 小時 30 分	¥ 3,280
		特急劍山	JR 阿波池田站	1 小時 15 分	¥ 2,820
JR 高松站		特急四萬十		1 小時 30 分	¥ 2,990
JR 高知站	JR	特急南風 / 特急四萬十	JR 大步危站	50 分	¥ 2,460
JR 琴平站		特急南風 / 特急四萬十		42 分	¥ 2,270
JR 大步危站	巴士	四國交通巴士祖谷線	蔓橋 （かずら橋）	22 分	¥ 660
JR 阿波池田站				1 小時 10 分	¥ 1,290

區域交通

前往祖谷、蔓橋的巴士班次不多，1～2 小時以上才有一班，所以事前一定要確認好巴士時刻表，將去回程的班次都先計算好。由於例假日巴士班次較多，建議盡量把祖谷行安排在假日，會比較好排。

· 祖谷地區巴士時刻表：yonkoh.co.jp/timetable.htm

大步危站的蔓橋模型

也可以從阿波池田站搭巴士出發

祖谷線的巴士

省錢 Tip

　　想在一天內將祖谷地區各景點有效率的一網打盡，除了自己開車，最好的方法就是參加觀光巴士，西祖谷觀光巴士 Course（西祖谷コース）從 JR 阿波池田站發車，不但走訪祖谷、大步危的各景點，還安排了乘坐大步危峽遊覽船的活動。

· 預約電話：0883-721231
· 網站：yonkoh.co.jp/periodi_1.htm
· 期間：3 月中～ 11 月底的週末例假日（5 月、8 月、10 月、11 月每天都有）。
· 時間：11:45 從 JR 阿波池田站出發→ 16:20 抵達 JR 阿波池田站。
· 路線：小便小僧→午餐→蔓橋→平家屋敷民俗資料館→大步危峽道路休息站→大步危峽遊覽船
· 費用：¥ 7,500（含午餐、乘船費、平家屋敷、蔓橋的費用）。

大步危峽遊覽船

· 網站：www.mannaka.co.jp/restaurant/excursionship/
excursionship.html
· 行駛期間：9:00 ～ 17:00（隨時開船），需要時間：
30 分鐘。
· 交通：JR 大步危站，步行 20 分鐘。
· 費用：¥ 1,080。

省時方便的觀光巴士

景點介紹

蔓橋

　　「蔓橋」（かずら橋）曾是這深山溪谷唯一的交通設施，由奇異果的藤蔓所編成，過去架在祖谷川上的蔓橋有好幾座，現在僅剩下西祖谷的「祖谷蔓橋」和東祖谷的「奧祖谷二重蔓橋」兩座。西祖谷的蔓橋全長 45 公尺、寬 2 公尺，架在高於祖谷溪 14 公尺的位置，總重高達 5 公噸，每三年翻新一次。據傳蔓橋的由來與躲藏祖谷一帶的平家遺族有關，為了阻止敵人追殺，平家遺族便使用一揮刀就能砍斷的藤蔓造橋，萬一敵人追來就立刻砍斷蔓橋逃生。

　　如今的蔓橋的重要性已不在，卻成為每年吸引近五十萬人造訪的著名觀光地。用藤蔓和原木架設的蔓橋，橋板的縫隙約一個腳掌長度，橋縫下就是深豁，因此每跨出一步都要注意自己是不是有踩在橫木上，加上移動時吊橋產生的晃動，人人都流露出緊張的神情扶著欄杆小心前進。蔓橋只能單向通行，回程要走另外一邊水泥造的通行橋，這座橋位置比蔓橋高出許多，由這裡往下拍，是拍攝蔓橋身影的絕妙角度。

祖谷蔓橋

蔓橋
◎開放時間：日出到日落
◎費用：￥550
◎交通：JR 大步危站搭四國交通巴士，車程 22 分鐘（￥660）；或是從 JR 阿波池田站搭四國交通巴士，車程 70 分鐘（￥1,290），「蔓橋」（かずら橋）站下車後，步行約 6 分鐘

祖谷川

縫隙超大

從上游看到的蔓橋

到蔓橋總要試一下自己的膽量

琵琶瀧

　　距離蔓橋出口不遠的地方，有一座瀑布「琵琶瀧」（びわの滝），落差約 50 公尺，白絹般的瀑布從石縫間宣洩，傳說過去平家的後人們，曾一邊在瀑布底彈奏琵琶，一邊遙想著過去在京城裡的繁華生活。過了琵琶瀧往前稍走，道路旁有階梯可以下到溪邊。

琵琶瀧
◎開放時間：自由參觀
◎交通：蔓橋出口，步行約 2 分鐘

瀧美食堂

　　祕境祖谷擁有許多特色的鄉土料理，祖谷蕎麥麵就是其一。跟平地常見的細長蕎麥麵不同，祖谷蕎麥麵的麵條粗短，具有獨特的香氣。另外，還有「木偶串燒」（でこまわし），是將馬鈴薯、蒟蒻、豆腐以竹籤串起，塗上味噌調味後用炭火燒烤，因為形狀就像人形木偶，因而得名。

　　位在琵琶瀧旁邊的「瀧美食堂」，是蔓橋周邊眾多提供祖谷傳統料理的店家之一，因為緊鄰琵琶瀧，地點絕佳，從店裡的座位可以就近欣賞美麗的瀑布。除了祖谷蕎麥麵，店門口前的大火缽也正烘烤著傳統的「木偶串燒」與香噴噴的香魚，隨時提供給客人。

Data
瀧美食堂
◎營業時間：8:00～17:00（不定休）
◎地址：德島県三好市西祖谷山村閑定23-3
◎交通：琵琶瀧旁

瀧美食堂

祖谷蕎麥麵

木偶串燒與現烤香魚

蔓橋夢舞臺

　　從巴士站「蔓橋」往峽谷對岸的方向看，有一座氣派的建築「蔓橋夢舞臺」（かずら橋夢舞臺）。夢舞臺寬敞的室內空間裡，販賣著多種當地特產，也供應餐點，可以享用到道地的祖谷蕎麥麵。

Data
蔓橋夢舞臺
◎開放時間：9:00～18:00（12月～翌年3月9:00～17:00）
◎交通：從蔓橋，步行約5分鐘

若時間充裕可以逛一下蔓橋夢舞臺

祖谷溫泉

　　祖谷不但是祕境，也是個溫泉鄉，更因為地處偏僻而有祕湯之稱。在祖谷的溪谷周圍散落著各具特色的溫泉住宿，有位在山嶺之間的天空露天溫泉，也有位在溪畔的谷底露天溫泉，各家都有提供純泡湯的服務，可以一邊泡湯，一邊欣賞溪谷美景。

Data

1. 和之宿祖谷溫泉
位在祖谷溪畔，以谷底露天風呂著稱。搭乘纜車下行，可抵達位在谷底的露天風呂。以當地新鮮特產食材所烹煮的佳餚，十分受到好評
◎網站：iyaonsen.co.jp（日文、中文）
◎入浴時間：7:30～17:00
◎入浴費：￥1,700
◎交通：JR 阿波池田站搭四國交通巴士，車程約 55 分鐘（￥1,050），「祖谷溫泉前」站下車（從大步危站出發的巴士不會經過）；或是從「蔓橋」（かずら橋）站，搭四國交通巴士，車程約 18 分鐘（￥560），「祖谷溫泉前」站下車

2. 新祖谷溫泉 Hotel 蔓橋（新祖谷溫泉ホテルかずら橋）
位在蔓橋附近，得要搭乘專用纜車前往，有著名的天空露天風呂。另有男女分開的露天風呂和男女混浴風呂
◎網站：www.kazurabashi.co.jp/sky（日文、中文）
◎入浴時間：10:00～16:00
◎入浴費：￥1,200
◎交通：JR 大步危站搭四國交通巴士，車程約 20 分鐘（￥610），「蔓橋 Hotel 前」（ホテルかずら橋前）站下車；或是從 JR 大步危站搭計程車 15 分鐘（約￥3,000）；或是從「蔓橋」站搭四國交通巴士，車程約 8 分鐘（￥190），「蔓橋 Hotel 前」站下車

搭乘專用纜車前往露天浴池（和之宿祖谷溫泉 提供）

在大自然中享受泡湯的樂趣（和之宿祖谷溫泉 提供）

和之宿祖谷溫泉（和之宿祖谷溫泉 提供）

寬敞的和室房間（和之宿祖谷溫泉 提供）

讚岐 香川縣 高松

　　古名「讚岐」的香川縣位在四國的東北邊，北臨瀨戶內海，南方是讚岐山脈，中央是平坦的讚岐平原，由於平原面積比例高，人口密度也相對很高。香川縣可以分為「東讚」、「中讚」、「西讚」三個區域，另外北方瀨戶內海上還有包含小豆島在內的一百多座小島，所以海上交通成為香川發展的重要一環，主要城市高松、多度津、丸龜都是港口城市，文化與經濟也與瀨戶內海對側的岡山縣依賴密切。此外，香川縣內氣候也受到瀨戶內海影響，多晴天少雨天。

　　香川不僅擁有自古以來就參拜者不斷的金刀比羅宮與百年名園栗林公園，讚岐烏龍麵更是全國聞名，根據調查香川縣民花在烏龍麵的金額是壓倒性的全國第一，吃烏龍麵的習慣不只深植在當地住民的生活中，近來甚至發展出外地訪客特地來香川逐一造訪烏龍麵名店的「烏龍麵巡行」。雖然作為日本面積最小的一縣，但香川可說是「人小志氣高」，徵求曝光不遺餘力，鑑於烏龍麵帶出的觀光熱潮，香川甚至自稱「うどん県」（烏龍麵縣），引起日本上下一陣騷動，將這股烏龍麵熱潮又往上推高了一層。

四國 JR 車站中最新穎的高松站

JR 高松站

高松市區地圖

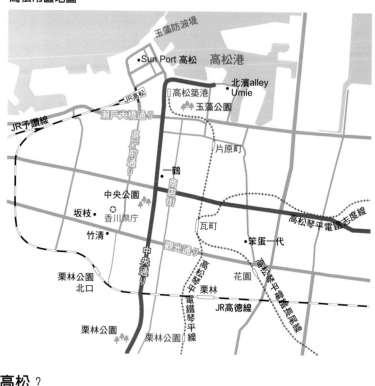

如何到高松？

從	搭乘		到	時間	車資
JR 德島站	JR	特急渦潮	JR 高松站	1 小時	￥2,640
	高速巴士	高德 Express（高德エクスプレス）		1 小時 35 分	￥1,650
JR 松山站	JR	特急石鎚		2 小時 30 分	￥5,670
	高速巴士	少爺 Express（坊ちゃんエクスプレス）		2 小時 40 分	￥4,000
JR 高知站	JR	快速 Sun Port + 特急南風（多度津轉車）		2 小時 20 分	￥4,580
	JR	特急四萬十		2 小時 25 分	￥4,910
	高速巴士	黑潮 Express（黑潮エクスプレス）		2 小時 10 分	￥3,400
JR 岡山站	JR	快速 Marine Liner		55 分	￥1,510
宇野港（岡山）	船	四國渡輪（四國フェリー）	高松港	1 小時 5 分	￥690
高松空港	利木津巴士（リムジンバス）		JR 高松站	45 分	￥760

市區交通

市租腳踏車

　　高松市市立的腳踏車租借系統「高松腳踏車出租」（高松レンタサイクル），是將被遺棄的腳踏車回收後，重新整理成租借給一般大眾的出租腳踏車，因為是公家機構經營又是回收腳踏車，費用非常低廉，尤其高松市內道路整齊寬敞，相當適合騎腳踏車巡遊，是市內觀光的好幫手。

· 網站：www.city.takamatsu.kagawa.jp/18197.html（日文）

關於「高松腳踏車出租」
· 受理時間：7:00～22:00（申請、借車、還車都必須在受理時間之內）。
· 資格：需國中生以上會騎腳踏車的人。
· 租借費用：6小時以內￥100；超過6小時，但在24小時內還車加收￥100；超過24小時，則是每24小時再加收￥200。
· 腳踏車租借站（レンタサイクルポート）：高松站前廣場地下租借站、琴電瓦町站地下租借站、琴電栗林公園前租借站、丸龜町租借站、JR栗林站前租借站、琴電片原町站前站、市役所租借站，共七站。第一次申請借車、沒有「利用證」的請先到高松站前廣場地下租借站、琴電瓦町站地下租借站、琴電栗林公園前租借站辦理（其他租借站沒有工作人員駐站）。建議選在高松站辦理，那裡的腳踏車數量較多，窗口人員面對國外觀光客也比較有經驗。
· 借車步驟：

STEP 1
申請：第一次借用要先到「管理事務室」填寫申請表，並出示能證明身分的文件（護照），確認OK後，窗口人員就會給一張電子紙卡，也就是「利用證」。

STEP 2
取車：到租借腳踏車的停放區任選一輛腳踏車。

STEP 3
離開：將車牽到停車場出口閘門後，將「利用證」插入機器，投入顯示金額（100日圓），閘門打開後就可以離開。

STEP 4

還車：在停車場入口閘門前停車，將「利用證」插入機器，如果有逾時追加費用則會顯示在電子螢幕上，支付顯示金額後閘門才會打開，將車放回原本的租借腳踏車的停放區即可。

只要「利用證」一卡在手，就可以在各租借站重複借車、還車，當日6小時之內的進出不會再被加收費用，特別是高松站、瓦町附近不能隨處停放腳踏車，這時只要將腳踏車直接停回租借站（車鑰匙請留在車上勿拔起），要再用車時重新牽一台就可以了。費用的加算方式聽似有一些複雜，不過閘門口的收費機器在進出時都會自動計算和顯示應付費用，只要照著顯示的金額給付就沒有問題。

腳踏車要在外面「過夜」也是可以。取得飯店的同意後，停在住宿的飯店是最佳的方法！不用等到早上七點租車站開門，隔天一大清早就可以開始騎腳踏車四處觀光了！

・其他注意事項：

1. 停放在租借站的腳踏車將車鎖留在車上，請勿鎖車。如果是在租借站以外的地方停車，一定要上鎖避免失竊。

2. 不可在禁止停車的區域停車。

利用證

方便的高松市租腳踏車

高松站的租借站在站前廣場的地下

出入時要插入利用證

管理事務室

出入閘口

「レンタル」區的車子都可以借用

還車時記得鑰匙要留在車上

・腳踏車租借申請表的寫法如下圖：

様式第1号（第3条関係）

年　　月　　日

レンタサイクル利用承認申請書

（あて先）高松市長

レンタサイクルを利用したいので，次のとおり申請します。
なお，利用に当たっては，高松市レンタサイクル条例，高松市レンタサイクル条例施行規則等の規定を遵守します。

申請者	住　所 Address	〒　　－　　　　住址（可寫飯店住址）			
	氏　　名 フ　リ　ガ　ナ Name	姓名	電話番号 Telephone Number	自宅　　　－　　　－ 携帯　手機號碼	
	生 年 月 日 生日	□昭和 □平成 ☑西暦　　　　　年　　　　月　　　　日 不會換算可勾西曆寫西元年　Year　　Month　　Day			
利　用　種　別		☑一　時　利　用		□継続 ☑短期間（7日以内）	
		□定　期　利　用（1か月） □定　期　利　用（3か月）		一般・学生等の種別 □一般　　□学生	
		□利 用 証 に 代 え て 市 長 が 指 定 す る 証 票 （　　　　　）の利用を希望する。			
定 期 利 用 開 始 日		年　　　　月　　　　日			

* 以下は記入に御協力ください。

性　　　　別	□男 Male　□女 Female	
利　用　目　的	□通勤　□通学　□ビジネス　☑観光　□その他	● 使用用途
地域（日本以外）	□欧州　□米国　□中国　□韓国　□台湾　□その他	

注　1　該当する項目の□にレ印を付けてください。
　　2　住所，氏名等を証明することができる書類を提示してください。

レンタサイクルの利用上の注意（概要）
高松市レンタサイクルは，皆様のご協力により運営されます。ルールを守り，適正に利用してください。
1　申請書に虚偽の記載をしたり，不正利用をした場合，利用の承認を取り消します。
2　利用する前に，各自で安全点検を行なってください。
3　利用期間中の自転車の管理は各自で適正に行なってください。
4　利用中に発生した事故等については，市は一切責任を負いません。
5　自転車が故障したときは，速やかに返却してください。返却が困難な場合は，管理者に連絡し，指示に従ってください。利用者が独自に修理した場合の修理代等はお支払いできません。
6　利用期間は，必ずお守りください。一時利用は24時間，定期利用は1か月と3か月です。
7　利用期間を過ぎ返却しない場合，使用中であっても自転車を回収し，以後の利用をお断りする場合があります。また，それまでの利用料金についてもお支払いいただきます。
8　条例等に違反して利用したときは，法的措置をとらせていただく場合があります。
9　在車両がなく，お待ちいただく場合があります。

* 以下は記入しないでください。

カ　ー　ド　種　別	□紙素材カード　□PET素材カード　□イルカカード		
承　認　年　月　日	承　認　番　号	証　明　書　類	
		□免許証　□学生証　□パスポート □保険証　□その他（　　　　　）	
	受付担当	入力担当	

Info

交通 Tip

　　貫穿高松市中心南北的「中央通」寬敞平坦，很適合騎腳踏車，不過有些大的路口無法直接過過馬路，必須繞到旁邊的路口，建議要做長距離的南北移動時，可以考慮選擇走另一條同樣是南北走向的「縣廳前通」。

高松琴平電氣鐵道

· 全線均可使用「四國鐵路周遊券 All Shikoku Rail Pass」
· 網址：www.kotoden.co.jp

　　香川縣內的私鐵系統，簡稱「琴電」（ことでん），無論是進行高松市區觀光或前往市郊都頗為便利，共有以下三條路線。

· 琴平線：連結高松市內的高松築港站與琴平町的琴電琴平站。車身漆黃色。沿線會經過高松市的鬧區片原町與瓦町、著名景點栗林公園，以及金刀比羅宮。全線只有普通車行駛。每 15 分鐘一班，其中開達終點琴電琴平站的則是每 30 分鐘一班。
· 長尾線：連結高松市內的瓦町站與讚岐市（さぬき市）的長尾站，不過實際上幾乎所有班次都會行駛到瓦町站之前的高松築港，往返於高松築港站與長尾站之間。車身為綠色，全線僅行駛普通車，大約每 20 分鐘一班。
· 志度線：連結高松市內的瓦町站與讚岐市（さぬき市）的琴電志度站，和長尾線不同，從高松築港站、片原町站出發或欲到高松築港站、片原町站的話，必須要在瓦町站轉車。可搭此線前往屋島地區（琴電屋島站下車），大約每 20 分鐘一班。

琴平線的車身是黃色

長尾線的車身是綠色

多線交會的瓦町站有多個月臺

高松築港站

藍色海豚是琴電的代表吉祥物

市區巴士站牌

高松站前的觀光諮詢中心和巴士總站

琴電一日券

省錢 Tip

在未持有「All Shikoku Rail Pass」，或是有效天數已過的情況下，可以考慮利用下述兩種票券：

1. 票券名稱：琴電一日券（1日フリーきっぷ）
   ・票價：￥1,230。
   ・使用範圍：琴電全線。
   ・販賣地點：高松築港站、瓦町站、生山站、琴電琴平站、長尾站、琴電志度站。

2. 票券名稱：琴電 JR Kururin 票券（ことでん・JR くるり～んきっぷ）
   ・票價：￥1,960。
   ・使用範圍：琴電全線、JR 四國線【志度－高松－多度津－琴平】區間的普通列車自由席。
   ・販賣地點：JR 四國各車站綠色窗口、各 Warp、高松築港站、瓦町站、栗林公園站、琴電琴平站、長尾站、琴電志度站。

琴電路線圖

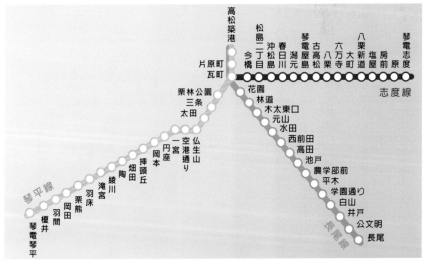

景點介紹

栗林公園

　　位在高松市內的「栗林公園」是四國代表的名庭園之一，它不只是四國唯一的國家指定特別名勝，還在 2009 年米其林觀光指南中得到「值得特地一訪」的三星等級榮耀，是來到高松不可錯過的明星級景點。

　　「栗林公園」起造於三百七十年前，前後歷經數代高松藩主，花費百年歲月終而完成這享譽後世的庭園。整座庭園面積達到 75 萬平方公尺，用「超廣大」來形容也不顯誇張，園內分為南庭與北庭，南庭是池泉迴游式的庭園，北庭則是偏向近代風格。以位在公園後方的紫雲山為借景，並有十三座假山、六座水池所構成的南庭，景色變化多端富有意境。

　　雖然名為「栗林」，但其實公園內部植木以松樹為主，蒼翠挺拔的青松與假山流水相互輝映，還有庭石巧妙布置，處處可見巧思，每一步都能發現不一樣的美景，也讓這裡有「一步一景」的美譽。而最受讚賞的美景莫過於從掬月亭望出的景色，位在南湖湖畔的數奇屋造建築「掬月亭」從以前就深受歷代藩主喜愛，現在的掬月亭則是可供遊客飲茶歇腿的茶室，一邊享用抹茶和點心，一邊欣賞庭景及架在南湖上的偃月橋。另一處可以欣賞美景的地方是東南角落的飛來峰，從這裡可以臨高觀賞到南湖與掬月亭的景致。

　　由於栗林公園幅員廣大，只繞南庭至少也需要 1 小時，不想匆忙趕路，預留充足時間是很重要的。若想避開觀光團人潮，不妨起個大早，選擇在朝靄剛散的時候入園。

DATA　栗林公園
◎ 網站：ritsuringarden.jp
◎ 開放時間：夏季 5:30 ～ 19:00，冬季 7:00 ～ 17:00（隨日出日落時間逐月變動）
◎ 費用：¥410
◎ 交通：琴電「栗林公園」站，步行 10 分鐘；或從 JR 高松站前搭琴電巴士，「栗林公園前」站下車即達

在高松現代繁華的市街中一個超越時空的存在　掬月亭

屬於「池泉迴游式」的庭園

南湖

章魚飯

　　以醬油和切塊章魚一起炊煮的章魚飯（たこ飯）香味四溢，每一口都吃得到章魚肉，而飯上的章魚腳經過細心燉煮，軟Q入味，好嚼不塞牙，口感令人驚喜，是款超值美味的鐵路便當。

章魚飯
◎交通：JR高松站內

以章魚為主角的高人氣鐵路便當

便當販賣處

高松港

　　面臨瀨戶內海的高松港，負責載運前往瀨戶內海諸島、岡山等地的貨物與旅客，是利用率很高的一座港口，前往高松臨近的小豆島、直島等渡輪也是從高松港出發，與高松港相鄰的JR高松站則是重要的陸路起點，以高松港、JR高松站為中心，這一帶被統稱為「Sunport 高松」。除了車站與港口外，周邊也集結了港口旅客總站、高松地標塔、全日空飯店等設施，對旅客而言，這裡無庸置疑是相當重要的交通據點。

高松港
◎交通：JR高松站，步行約5分鐘

Sunport 高松

渡輪不斷往返

玉藻防波堤

　　經過規劃整理的 Sunport 高松，不僅是海陸交通樞紐，也是一個嶄新的觀光景點，從高松港碼頭延伸出達 540 公尺長的玉藻防波堤，上頭設有散步專用道，防波堤最前端有一座「赤燈塔」，可說是高松港的象徵符號，這座通體朱紅的燈塔以玻璃打造而成，在夜間時整座燈塔會發出紅色的光芒。白天時，趁著等船的空檔，不妨來到這裡聽著海浪拍打堤防的聲音，一邊散步，一邊眺望著美麗的瀨戶內海，也可以把市租腳踏車騎來這裡兜風。

玉藻防波堤
◎ 開放時間：自由參觀
◎ 交通：JR 高松站，步行約 12 分鐘

玉藻防波堤

海浪拍打堤防的聲音不絕於耳

玉藻防波堤盡頭的赤燈塔是高松港區的象徵

赤燈塔

北濱 alley

同樣屬於「Sunport 高松」一部分的「北濱 alley」，是利用高松港北濱區的舊倉庫重新改造的複合型商業措施。和一般舊建築的改造方式不同，北濱 alley 的改造是連內部都盡可能的保留原貌。這些保留倉庫原型、活用其特色所開設的畫廊、咖啡廳、美容院，為舊時的港區注入一股新的活力。

> **Data**
> 北濱 alley
> ◎ 網站：www.kitahama-alley.jp
> ◎ 營業時間：依各店鋪不同，建議中午以後造訪
> ◎ 交通：JR 高松站，步行約 15 分鐘

讓港區倉庫重生的北濱 alley

夜晚的北濱 alley

北濱 alley 裡專賣生活雜貨小物的「Naja」

Umie

如果說赤燈塔是高松港的代表，咖啡廳「Umie」就是北濱 alley 最閃亮的一顆星，Umie 是北濱港區倉庫改造最成功的案例之一，透過店內的窗戶甚至可以看見海。店內除了提供以咖啡為主的各式飲品，另外還有咖哩飯、焙果、披薩等輕食，晚上還會有樂團進行現場演出喔！

> **Data**
> Umie
> ◎ 網站：www.umie.info
> ◎ 營業時間：11:00 ～ 22:30
> 　　週六：10:00 ～ 22:30，週日、國定假日：10:00 ～ 20:30）（週三休）
> ◎ 地址：高松市北浜町 3-2 北浜 alley-h
> ◎ 交通：JR 高松站，步行約 15 分鐘

Umie 位在二樓這扇像房間入口的木門之後

Umie 的大門口

店內陳設

提供咖啡與輕食

骨付鳥一鶴

　　由於日本人不太吃帶骨的肉，帶著骨頭的整隻雞腿肉對他們反而很特別，起源於丸龜市的骨付雞（骨付鳥），在丸龜和高松很容易發現，雖然每間店都有自己密傳香料配方，各有擁護者，不過「一鶴」可以算是始祖店。雖然本店在丸龜市，高松市內也有分店進駐，有嚼勁十足的「親鳥」（おやどり）和肉質柔軟的雞鳥（ひなどり）兩種可選擇。

一鶴高松店

 骨付鳥一鶴
◎網站：www.ikkaku.co.jp
◎營業時間：16:00 ～ 22:30（週末例假日：11:00 ～ 22:30）
◎地址：高松市鍛冶屋町 4-11
◎交通：JR 高松站，步行約 15 分鐘；或是琴電瓦町站，步行約 10 分鐘

皮脆肉香，口味偏鹹的骨付雞適合當下酒菜

佛生山溫泉

　　佛生山距離高松市約七公里，過去曾因當地的大寺而繁榮一時，街道裡仍殘留著部分當時的樣子，佇立在一片傳統的風景中的佛生山溫泉，是一棟會讓人誤以為是美術館的時髦建築，事實上卻是一座公共澡堂，寬敞明亮充滿時尚感，打破人對公共澡堂的既定印象。

佛生山溫泉
◎營業時間：11:00 ～ 23:00，週末例假日 9:00 ～ 23:00（每月第四個週二休）
◎入浴費：￥600
◎交通：琴電佛生山站，步行約 12 分鐘

省錢 Tip
· 琴電溫泉乘車入浴券（ことでんおんせん乗車入浴券）
· 票券費用：￥1,000
· 使用範圍：琴電高松築港站～佛生山溫泉之間不限次數上下車、佛生山溫泉入浴費、團扇、佛生山溫泉原創毛巾。
· 有效期限：當天
· 販賣地點：高松築港站、片原町站、瓦町站、栗林公園站、佛生山站、今橋站。

讚岐 香川縣 琴平

　　坐鎮在香川縣象頭山山腹的「金刀比羅宮」，是全日本六百社以上的金刀比羅神社、琴平神社、金比羅神社的總本宮。創建年代不詳，作為海上交通的守護神，金刀比羅宮自古以來受到船員、漁業人員等靠海維生的人們所景仰，江戶中期之後金比羅信仰也在一般民眾流傳開來，讓參拜金刀比羅宮的風潮迅速盛行起來，直到今天。

　　前往金刀比羅宮的參道，舊時被稱為「金比羅街道」，來自全國的香客不少，當時從外地前來參拜的人多是利用丸龜港或多度津港，也因此帶動了兩港的繁榮，而往昔那些通往琴平的參拜道則成為今日縣道、國道的基礎。金刀比羅宮擁有包含本宮、旭社、書門、大門等具歷史性重要的建築，並有專門收藏珍貴文物、寶物的寶物館，至於金刀比羅宮周邊可順道一訪的景點也不少，如琴電琴平站旁日本第一高的木造燈籠「高燈籠」，或是日本酒資料館的「金陵之鄉」、日本現存最古老的歌舞伎劇場「金比羅大芝居」、神明專用的橋樑「鞘橋」。

得先爬上長長的石階

沿路土產店林立

途中的景色

不可錯過的金刀比羅宮　　　金陵之鄉

讚岐平原

琴平地區地圖

奧社

御本宮

旭社

書院

宝物館

五人百姓

大門

舊金比羅
大芝居

石階參道入口

琴參閣

炙饅頭　金陵之鄉

八千代

琴電琴平駅

鞘橋

高燈籠

琴平駅

N

如何到琴平？

從高松市前往琴平可以選擇搭琴平電鐵或 JR，雖然從地圖上來看琴電琴平站距離金刀比羅宮比較近，但其實之間差不到 3 分鐘的步行路程，在做交通安排時這一點不需要特別考慮在內。

從	搭乘		到	時間	車資
琴電高松築港站	琴平電鐵	琴平線	琴電琴平站	1 小時	¥590
JR高松站	JR	特急四萬十	JR琴平站	35 分	¥1,370
	JR	快速／普通		1 小時	¥850
JR大步危站	JR	特急南風／特急四萬十		40 分	¥2,270
JR高知站	JR	特急南風		1 小時 30 分	¥3,930

本身也是古蹟的 JR 琴平站

琴電琴平站

景點介紹

高燈籠

在琴電琴平站旁邊的小公園裡有一座日本第一高的木造燈籠，建於 1865 年，高 27.6 公尺，得保持距離才能拍下全貌。

高燈籠
◎ 開放時間：自由參觀
◎ 交通：JR 琴平站，步行約 3 分鐘；或是琴電琴平站，步行約 1 分鐘

高燈籠

石階參道

金刀比羅宮最著名的莫過於它那漫長的石階參道。從參道入口到金刀比羅宮的「本宮」需要經過長達 785 階的階梯，到更深山裡的「奧社」則要 1,368 階。到本宮大約需要 45 分鐘，腳程快一些的人可以縮短到 30 分鐘以內，只是石階兩側土產店、餐飲店並立，很難不被吸引。第一次看到這長長的石階參道，很多人都會嚇到，事實上每年在金刀比羅宮例大祭的前一天，還會在這裡舉行馬拉松比賽呢！夠誇張吧！

對腳力沒有自信的人，在這兒有提供一種極具特色的交通工具「駕籠」，參拜的人可以坐在傳統的轎輿裡，由兩位挑夫扛抬上山，只是費用不便宜。從入口登了 365 階後會到達金刀比羅宮的大門，從這裡開始等於正式進入金刀比羅宮的神境，乘坐駕籠的人也必須在大門前落轎改成步行。

DATA
石階參道
◎開放時間：自由參觀
◎交通：JR 琴平站，步行約 10 分鐘到石階入口

石階入口

石階間的鳥居

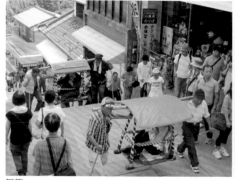
駕籠

早上約 9 點後會拉起遮陽棚

大門

　　爬滿 365 個石階後就會抵達金刀比羅宮的大門，穿過莊嚴的大門，大門後方有撐著五支大傘的小攤，他們是唯一得到特許能在金刀比羅宮進行商業活動，自古世代相承的五戶人家「五人百姓」。

大門

寶物館

五人百姓

書院

旭社

　　大門之後繼續往前走，此刻暫時看不見長階梯，但並不表示階梯到此就結束了。旁邊有「書院」與「寶物館」等，但建議回程時再參觀以保留體力，前行沒多久又會遇見階梯，繼續往上爬會到達「旭社」，可以在這裡稍事休息，欣賞興建於 1165 年的旭社，此處花費四十年歲月精心打造而成，以精緻華麗的雕刻著稱。旭社左手邊是陡峻的階梯，這一段被稱為「御前四段坂」，非常急陡，在這最後 200 階一鼓作氣往上登之後，映入眼廉的就是目的地的本宮社殿。

旭社

從這裡開始做最後衝刺

本宮

經過 785 階終於抵達金刀比羅宮的本宮。檜皮葺大社關棟造法的本宮本殿內，祭祀大物主神與崇德天皇，是主宰航海、漁業、農業、醫療等的神明，使得金刀比羅宮自古以來就受到庶民們廣泛的崇拜與愛戴。如果對自己的腳力充滿自信，還可以再繼續往上登爬。從本宮斜後方的參道再往上爬 583 個石階（約 30 分鐘），就會到達金刀比羅宮的奧社，據說天氣好時從這裡還能看到遠處的瀨戶大橋。

結束參拜後，千萬不要忘了到右手邊的展望臺，一覽廣闊的讚岐平原，看著這景色一切的辛苦都值得了。讚岐平原並非完全平坦，偶有幾座小山點綴其間，其中有座特別吸睛的端正小山「飯野山」，因為形狀很像富士山，而有「讚岐富士」之稱。光留美景在心底還不夠，不妨到御守所帶一個能召喚幸福的金色御守，當作到此一遊的證明吧！

> **本宮**
> ◎ 開放時間：自由參觀
> ◎ 交通：從石階入口到本宮約 30 ～ 45 分鐘（依個人腳程體力）

展望臺　　　金刀比羅宮　　　幸福御守，金黃色是金刀比羅宮的代表色　　作為主人的代理人前來金比羅宮參拜的「金比羅狗」　　開闊的平原風景與飯野山

金陵之鄉

位在參道旁的「金陵之鄉」，是由琴平當地的製酒商金陵酒造所設置的日本酒資料館，館內除了展示江戶時代的製酒工具，正不斷在倒酒的超大酒瓶模型和中庭裡的大楠樹都非常吸睛。

> **金陵之鄉**
> ◎ 開放時間：9:00 ～ 16:00
> ◎ 費用：免費
> ◎ 交通：JR 琴平站，步行約 10 分鐘

清酒資料館金陵之鄉

灸饅頭本舖石段屋本店

外型就像是燒灸用的艾炷，名為「灸」的甜餡小饅頭，是琴平代表性的土產之一。位在金刀比羅宮參道的灸饅頭本舖石段屋本店（灸まん本舖石段や本店），除了有「5個入」、「9個入」、「12個入」各種數量的盒裝灸饅頭供人外帶，也附設座位供人在此小憩，並有紅豆湯、蕨餅等其他和風點心可以品嘗。

Data
灸饅頭本舖石段屋本店
◎ 營業時間：7:30 ～ 18:00
◎ 地址：香川県仲多度郡琴平町 798
◎ 交通：JR 琴平站，步行約 7 分鐘

琴平土產灸饅頭

200 日圓的煎茶組合，包含灸饅頭、羊羹與煎茶

彷彿古代劇中的場景

鞘橋

架在金倉川上的木造橋，整座橋不僅古色古香，還覆蓋著拱頂，遠看就像是刀鞘一樣，因此被稱為「鞘橋」，不過這座橋並不開放給一般人行走，只有金比羅宮例大祭神轎出巡才能通行。

Data
鞘橋
◎ 開放時間：自由參觀外觀
◎ 交通：JR 琴平站，步行約 15 分鐘

鞘橋

只有神明才能通行

舊金比羅大芝居

又名「金丸座」的「舊金比羅大芝居」，是日本現存最古老的劇場建築，現在每年4月仍會舉行歌舞伎劇公演，年年都吸引眾多歌舞伎迷前來。卡通「名偵探柯南」裡有一集「金比羅劇院的怪人」故事背景就是這裡！

Data

舊金比羅大芝居
◎ 開放時間：9:00～17:00（有公演時不開放參觀）
◎ 費用：￥500
◎ 交通：JR 琴平站，步行約 20 分鐘

1-3 舊金比羅大芝居　　建造於 1835 年

觀眾席　　需要彎腰才能通過的入口

金比羅溫泉鄉（こんぴら溫泉鄉）

大概是神明的恩賜，金刀比羅宮山腳下有溫泉湧出，也因此這一帶有不少溫泉旅館。不只是旅館住宿的客人，有些旅館也提供非住宿的客人純泡湯的服務，讓大家在爬完長長的石階後，能夠泡個舒舒服服的溫泉浴。

琴參閣

Info

琴參閣
琴參閣是琴平最大型的旅館，就算不入住，也可以單純享受泡湯（日帰り溫泉）的樂趣。
‧ 入浴時間：11:00～15:00。（週四休）
‧ 入浴費：￥900。
‧ 交通：JR 琴平站，步行約 7 分鐘。

溫泉湯元八千代
‧ 入浴時間：11：00～15：30。
‧ 入浴費：￥750。
‧ 交通：JR 琴平站，約步行 10 分鐘。

讚岐 香川縣 小豆島

　　位在瀨戶內海上的小豆島，距離高松市只要1小時的船程，小豆島周長140公里，是瀨戶內海中僅次於淡路島的第二大島，島內分成小豆島町與土庄町兩個町行政區。因為類似歐洲地中海的氣候，小豆島是日本第一個成功種植橄欖樹的地方。當地出產的素麵、醬油，也都具有全國性的知名度。小豆島的觀光景點，除了島中央有以壯麗的峽谷景致馳名的「寒霞溪」，其他多集中在島南的沿海線上，例如希臘風濃厚的「小豆島橄欖公園」、醬油藏連立的「醬之鄉」等。

醬油口味的霜淇淋
也是小豆島名產

小豆島的池田港

渡輪「麒麟號」

醬之鄉

一顆顆橄欖果實是小豆島的「小豆」

小豆島橄欖公園

小豆島地圖

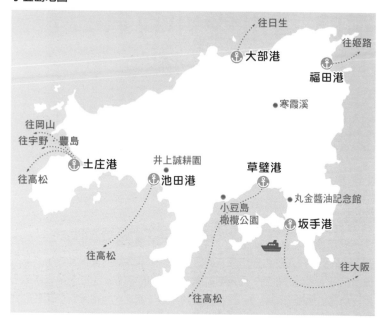

往日生
往姫路
⚓ 大部港
👤 福田港
●寒霞溪
往岡山
往宇野 ●豐島
井上誠耕園
👤 土庄港
👤 池田港
草璧港
⚓
往高松
●丸金醬油記念館
小豆島
橄欖公園
👤 坂手港
往大阪
往高松
往高松

如何到小豆島？

　　小豆島上有很多港口，負責和高松港聯絡的是「土庄港」、「池田港」與「草壁港」三個港口，搭乘一般渡輪不管往哪一個港口或從哪個港口出發回高松，所需時間都一樣是 1 小時，船票價格亦都相同，反倒是島上巴士班次不多，點與點之間連接極不容易，建議在選擇要搭哪一班船時，可以將巴士接駁一併考慮進去，將時間做有效的利用。

　　包含小豆島在內，前往高松臨近瀨戶內海諸島，不用事前預約，直接到高松港的售票中心購買船票即可。從 JR 高松站出來就可以看見指引登船處的指標，跟隨指標就可以到達高松港，渡輪船票販賣處跟高速艇的船票販賣處不同，想搭渡輪要找「フェリー用切符売場」（フェリー是渡輪的意思），搭高速艇的話則找「高速艇切符売場」。買到船票後，等開船時間接近時就可以去指定碼頭排隊上船。渡輪底層通常用來搭載汽車，乘客的客艙在二樓以上。

從 JR 高松站跟隨指標前往高松港

高速艇的售票站

從	搭乘	到	時間	車資
高松港	渡輪	土庄港	1 小時 5 分	¥690
		池田港	1 小時	¥690
		草壁港	1 小時	¥690
	高速艇	土庄港	35 分	¥1,170
		草壁港	45 分	¥1,170
新岡山港	渡輪	土庄港	1 小時 10 分	¥1,050
宇野港 (岡山)		土庄港	1 小時 30 分	¥1,230
姬路港		福田港	1 小時 40 分	¥1,520
神戶新港第 3 突堤		坂手港	3 小時 10 分	¥1,990

渡輪的底層可以載車　　　持船票登船　　　船艙內部　　　甲板

前往其他島嶼

　　瀨戶內海上還有不少各富特色的小島，從高松港出發前往高松市臨近的各小島航程都在 1 小時內，當天就可以來回，花個半天簡單造訪一下或全天玩個盡興，都十分適合。

· 直島：以安藤忠雄設計的「地中美術館」、古屋更新的「家屋計畫」，以及草間彌生的南瓜雕塑等聞名，讓直島有瀨戶內的現代藝術聖地之譽。

· 豐島：有美麗的梯田與石屏集落，以及水滴形狀的豐島美術館。

· 犬島：靠近本州的岡山縣，島內也有翻新舊村落的家屋計畫，以及由百年前的銅材煉廠改造成美術館的「犬島精鍊所」。

· 男木島：人口僅兩百的小島，村內屋宅多沿著斜坡而建，是當地特色。位在港口碼頭候車室的「男木島之魂」由知名藝術家打造，用各國文字裝飾的鏤空屋頂非常吸睛。

· 女木島：別名「鬼島」，據說桃太郎前往的妖怪島就是這裡，島內還有據說是妖怪棲息過的妖怪大洞窟。

藝術之島的直島

從	搭乘	到	時間	車資
高松港	渡輪	直島宮浦港	50分	¥520
	高速船		25分	¥1,220
高松港	高速船	直島本村港	30分	¥1,220
宇野港（岡山縣）	渡輪	直島宮浦港	20分	¥290
	高速船		15分	¥290
宇野港	高速船	直島本村港	20分	¥290
高松港	渡輪	豐島家浦港	50分	¥1,330
宇野港	渡輪	豐島家浦港	40分	¥770
高松港	渡輪	女木島	20分	¥370
女木島	渡輪	男木島	20分	¥240
小豆島土庄港	渡輪	豐島家浦港	50分	¥770
直島本村港	高速船	豐島家浦港	20分	¥620
直島宮浦港	高速船	豐島家浦港	22分	¥620
直島宮浦港	高速船	犬島	55分	¥1,850
豐島家浦港	高速船	犬島	25分	¥1,230

島內交通

　　小豆島上多數觀光景點、餐廳賣店多在下午5點就早早關門，島上交通不易，唯一能依賴的大眾交通工具就是巴士，不然就是考慮自行駕車，港口邊都有租車公司。另外，如果本來就有在四國本島租車，可以考慮從高松港就連人帶車一起坐渡輪過來。小豆島上的巴士主要為「小豆島橄欖巴士」（小豆島オリーブバス）。觀光客最常造訪的是小豆島南邊海岸線一帶，但即使如此行走在這沿海道路上的班次依然不多，建議事前一定要先查好時刻表。

- 小豆島橄欖巴士時刻表：www.shodoshima-olive-bus.com/course.html
- 小豆島橄欖巴士時刻表（詳細版）：www.shodoshima-olive-bus.com/dia.html
  （坂手線・南迴福田線上行、坂手線・南迴福田線下行）
- 雖然從時刻表上來看每站之間只差個1、2分鐘，但其實島上車子都飆很快，實際距離沒有想像中那樣近。

Info

省錢 Tip
　　小豆島上的巴士車資是¥150～300，按搭乘距離收費，若利用次數多，可以考慮購買巴士一日券。
- 票券名稱：小豆島巴士 free 乘車券（小豆島フリー乘車券）。
- 價格：1日券¥1,000；2日券¥1,500。
- 販賣地點：各港口港務中心渡輪公司窗口。

小豆島的巴士站牌

景點介紹

小豆島橄欖公園

　　四國有不少道路休息站，有些因為遊憩功能出色一躍成為熱門的觀光景點，「小豆島橄欖公園」（道の駅小豆島オリーブ公園）就是其中代表之一。搭乘小豆島巴士在公園口站下車後，對面是海洋與沙灘，沿著一旁的坡道往上走才是橄欖公園。位在丘陵地上的小豆島橄欖公園被馬路分成左右兩邊，一邊集合了橄欖記念館、接觸廣場、民宿等希臘風建物，另一邊則是橄欖樹林，堪稱是小豆島象徵的希臘風車就在這片橄欖園中，許多人來到小豆島都是為了一睹這座特色風車，所以風車前經常聚集搶拍紀念照的旅客。橄欖記念館內販賣各式各樣的小豆島名產，可以在這裡挑選伴手禮，內設的餐廳提供以小豆島當地食材做出的地中海風料理。

Data
小豆島橄欖公園
◎ 開放時間：8:30 ～ 17:00
◎ 費用：免費參觀
◎ 交通：土庄港搭小豆島橄欖巴士，車程30分鐘，「橄欖公園口」（オリーブ公園口）站下車，步行約7分鐘

接觸廣場

眺望瀨戶內海

希臘風車

四處可見橄欖女神雅典娜的雕像

井上誠耕園

　　小豆島上的農園之一，用栽植的橄欖開發出美容用的橄欖油、保濕功效卓越的橄欖香皂等自創商品，除了大受好評的美容保養商品，也推出各式食用橄欖油、調味橄欖油，是料理迷心中的夢幻逸品，還有用自家收穫的橘子做成的橘子果醬等，這些商品都能從它位在縣道邊的賣店裡買到。此外井上誠耕園還在橄欖園內開設了一間咖啡屋「忠左衛門」，提供以當地物產與橄欖油為要角的料理，雖然地處偏僻，但在假日裡依然一位難求。

Data
井上誠耕園
◎ 網站：www.inoueseikoen.co.jp
◎ 營業時間：9:00 ～ 17:00（庄左衛門 11:00 ～ 17:00）
◎ 交通：土庄港搭小豆島橄欖巴士，車程20分鐘，「小豆島町池田庁舎前」站下車即是（忠左衛門：「小豆島町池田庁舎前」站下車，步行約15分鐘）

井上誠耕園

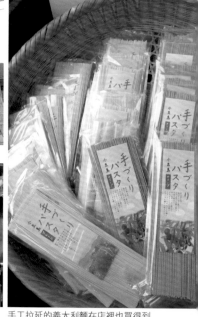

提供各種輕食

手工拉延的義大利麵在店裡也買得到

調味橄欖油

忠左衛門

忠左衛門的醬味丼

醬味丼

在溫暖氣候與地理位置等良好條件下，小豆島成了著名的醬油產地。除了醬油，還有壓榨前的醬醪、用醬油熬煮出的醬味小菜佃煮，都是小豆島的特產。為了宣傳小豆島「醬之鄉」的形象，近來主打一種以「醬」為主題名為「醬味丼」（ひしお丼）的新料理。只要使用小豆島的醬油、醬醪、佃煮及小豆島當地的魚肉蔬果等物產組合而成的丼飯，都能算是「醬味丼」，許多餐廳、飲食店皆配合自家特色推出了形形色色的醬味丼，來到小豆島不要錯過這個新口味喔！

丸金醬油紀念館

　　小豆島開始生產醬油大約是在四百年前，在內海灣沿岸一帶聚集了許多釀造醬油、製作佃煮的工廠，使這裡終日飄散著一股濃濃醬油味。一來到這醬之鄉，濃重的醬油味立刻襲鼻而來，不僅味道而已，牆壁、屋簷也都因為長年醬油發酵的緣故而發黑。聳立在大馬路旁的「丸金醬油記念館」（マルキン醬油記念館）算是這一帶的地標之一，大正時期就啟用的醬油工廠，因為具有充分的文化價值，而成為國家認定的重要古蹟，過去的醬油工廠如今則被改造成紀念館，展示並介紹醬油的製造過程與原料。附設的店鋪裡可以嘗到醬油口味的霜淇淋，不少人是專程為了這特殊的醬油霜淇淋前來。

DATA

丸金醬油紀念館
◎ 開放時間：9:00～16:00（1～2月為預約制）
◎ 費用：￥210（送一瓶醬油）
◎ 交通：土庄港搭小豆島橄欖巴士，車程約45分鐘，「丸金前」（マルキン前）站下車

1～2 丸金醬油的紀念館

寒霞溪

　　小豆島中央的寒霞溪是四國著名的賞楓勝地，還有各種奇岩怪石。在欣賞溪谷壯麗美景的同時，還能夠眺望瀨戶內海。除了登山步道外，也有登山纜車通往山頂，建議可先搭纜車上山再步行下山，既輕鬆又不會錯過山中美景。

DATA

寒霞溪
◎ 網站：www.kankakei.co.jp
◎ 纜車：8:30～17:00（隨季節調整）
◎ 纜車費用：單程￥750，來回￥1350
◎ 交通：草壁港搭小豆島橄欖巴士，車程約14分，「紅雲亭」站下車

五、七、八天四國旅遊
行程安排範例

　　由於四國形狀呈不規則近方形，如果有短期的假期，建議順時針或逆時針的方向完整繞一圈，避免重複的路線。如果只有四至五天的時間，建議可選其中兩或三縣來遊玩，以免行程太過緊湊，只能走馬看花，想要四個縣全部走透透，並且深度旅遊的話，可以安排八至九天以上的時間來細細品遊，也可以結合關西和四國或山陽和四國來個跨區瀨戶內海環狀旅行。

交通時間估計圖

範例一：愛媛、香川五日／關西空港進出

行程計劃	SCHEDULE	住宿	使用的交通票券
Day 1	關西空港→大阪→松山 先到大阪市區逛街購物吃美食，然後晚上搭夜行巴士到松山。	夜行巴士	
Day 2	松山：道後溫泉→松山城→坂上之雲博物館→大街道銀天街逛街→道後溫泉街	松山市	伊予鐵道 1 日券 （￥500）
	主要為松山市內觀光，如果對博物館或逛街沒有興趣的話，可以改去島波海道騎腳踏車。	或道後溫泉	
Day 3	松山→高松→小豆島 從松山到高松選擇搭高速巴士約 2.5 小時4,000 日圓。抵達高松後可先吃碗烏龍麵、逛栗林公園或高松港等，然後搭下午的船前往小豆島。	小豆島	小豆島巴士 2 日券（￥1,500）第一天
Day 4	小豆島→琴平→高松	高松市	小豆島巴士 2 日券第二天
	下午兩點前結束小豆島行程返回高松，緊接著搭琴電（1 小時）前往琴平的金刀比羅宮。		琴電一日券（￥1,230）
Day 5	高松→關西空港(搭利木津巴士約3小時35分)	HOME	
	如果回程的班機時間很早的話，建議 Day 4晚上就要先從高松→大阪，在大阪過夜。		

範例二：高松、高知、德島五日／高松空港進出

行程計劃	SCHEDULE	住宿	使用的交通票券
Day 1	高松空港→高松（搭利木津巴士 - 約 3 小時35 分） 高松市內觀光。丸龜町、瓦町一帶逛街，晚上夜遊玉藻防波堤看赤燈塔。	高松市	
Day 2	高松→琴平→祖谷→高知	祖谷	All Shikoku Rail Pass 3 日券（￥8,500）第一天
	起個大早搭 6 點的第一班車前往琴平金刀比羅宮，不想太拼的話可琴平或祖谷則一。可在祖谷過夜隔天早上前往高知市或當晚直接飆到高知市。	或高知市	
Day 3	高知：桂濱→弘人市場→高知城	高知市	All Shikoku Rail Pass 3 日券第二天
	主要為高松市內觀光，如果巧遇星期天可在早上排入日曜市。		
Day 4	高知→德島→高松	高松市	All Shikoku Rail Pass 3 日券第三天
	前往德島，可去鳴門觀潮或是進行市區觀光。晚上回到高松住宿。		
Day 5	高松→高松空港	HOME	
	早起吃烏龍麵、拜訪栗林公園，中午後前往機場等候搭機。		

範例三：四國全覽七日／關西空港進出

行程計劃	SCHEDULE	住宿	使用的交通票券
Day 1	關西空港→大阪→高知 先到大阪市區逛街購物吃美食，然後晚上搭夜巴到高知。	夜行巴士	
Day 2	高知→桂濱→江川崎（不下車）→松山 一大早先搭車前往桂濱，然後返回高知市內觀光，之後搭車經江川崎、宇和島前往松山，沿途透過車窗欣賞四萬十川美景。	松山市或道後溫泉	All Shikoku Rail Pass 5 日券（¥10,000）第一天
Day 3	松山→今治→松山→道後溫泉 早上先到松山城參觀，之後轉往今治的島波海道騎腳踏車。傍晚前往道後溫泉泡湯感受溫泉街氣氛。	松山市或道後溫泉	All Shikoku Rail Pass 5 日券 第二天
Day 4	松山→內子→下灘→高松 早上先拜訪古色古香的內子小鎮，之後轉車前往無人小站下灘站，傍晚起程搭車前往高松。	高松市	All Shikoku Rail Pass 5 日券第三天
Day 5	高松→祖谷→德島→高松 早上遊祖谷，下午則到德島市區觀光或是安排鳴門觀潮（盡可能將祖谷行程排早）。晚上住宿德島市或回高松市。	高松市	All Shikoku Rail Pass 5 日券第四天
Day 6	高松→琴平→小豆島→高松 一大早搭 6 點的第一班車前往琴平，9 點半左右搭車離開返回高松市，接著坐船前往小豆島或是留在高松市內進行市區觀光。	高松市	All Shikoku Rail Pass 5 日券第五天
Day 7	高松→關西空港（搭利木津巴士 - 約 3 小時 35 分）	HOME	

範例四：四國全覽八日／關西空港進出

行程計劃	SCHEDULE	住宿	使用的交通票券
Day 1	關西空港→德島（搭利木津巴士約 3 小時） 德島市內觀光。（阿波舞會館看阿波舞表演、吃德島拉麵等）	德島市	
Day 2	德島→高知→江川崎 從德島搭JR到高知，高知市內觀光(日曜市、高知城、弘人市場、播磨屋橋)，之後出發前往江川崎，在江川崎過夜。	江川崎	All Shikoku Rail Pass 5 日 券 (¥10,000) 第一天
Day 3	江川崎→松山→道後溫泉 早上進行四萬十川觀光，下午兩點出發前往松山，六點左右抵達道後溫泉。	松山市或道後溫泉	All Shikoku Rail Pass 5 日券 第二天
Day 4	松山→內子或島波海道→高松 早上參觀松山城，接著進行內子觀光或是島波海道擇一，結束後前往高松。	高松市	All Shikoku Rail Pass 5 日券第三天
Day 5	高松→祖谷→高松 全天暢遊祖谷，若是第一天德島觀光尚未完成，祖谷行程可只排早上半天，下午則到德島市區觀光或是安排鳴門觀潮（但要盡可能將祖谷行程排早）。晚上住宿德島市或回高松市。	德島市或高松市	All Shikoku Rail Pass 5 日券第四天

行程計劃	SCHEDULE	住宿	使用的交通票券
Day 6	高松→琴平→高松 早上前往琴平，下午則進行高松市區觀光（如栗林公園、吃烏龍麵、逛街等），或者是上午高松、下午琴平。	高松市	All Shikoku Rail Pass 5 日券第五天
Day 7	高松→小豆島→高松 全日進行小豆島觀光。	高松市	小豆島巴士 1 日券（￥1,000）
Day 8	高松→關西空港（搭利木津巴士 - 約 3 小時 35 分）	HOME	

範例五：四國全覽八日／關西空港進出

行程計劃	SCHEDULE	住宿	使用的交通票券
Day 1	廣島空港→尾道（搭利木津巴士 - 約 1.5 小時） 從廣島空港直接前往尾道市。	尾道市	
Day 2	尾道→今治 挑選中意的路段進行島波海道觀光。如果有自信能在一天之內飆完 70 公里也可以騎完全程。	今治市	
Day 3	今治→松山 早上從今治出發到松山，接著進行松山市內觀光（松山城等），晚間到道後溫泉泡湯。	松山市或道後溫泉	All Shikoku Rail Pass 2 日券（￥7,400）第一天
Day 4	松山→琴平→高松 早上出發前往琴平（可在宇多津轉車不用先到高松），琴平行程結束後前往高松。晚間若還有時間可在瓦町一帶逛街。	高松市	All Shikoku Rail Pass 2 日券第二天
Day 5	高松→小豆島→岡山 早餐先來碗烏龍麵然後到栗林公園參觀，之後搭船前往小豆島。小豆島觀光完畢後直接從小豆島搭船前往本州的岡山，晚上住宿岡山市。	岡山市	小豆島巴士 1 日券（￥1,000）
Day 6	岡山→倉敷→福山→廣島 早上可先參觀岡山城，然後搭車前往倉敷，之後繼續南下前往福山。福山有美麗的小漁港鞆之浦（動畫崖上的波妞裡的小港鎮便是以此處為原型）。	廣島市	
Day 7	廣島→宮島→岩國→廣島 早上到宮島造訪世界遺產的嚴島神社，下午則到岩國市參觀日本三名橋之一的錦帶橋。	廣島市	
Day 8	廣島→廣島空港（搭利木津巴士 - 約 50 分）	HOME	

PART 6

生活資訊
與
緊急應變

生活資訊

郵政

日本的郵筒是顯眼的紅色，投件口有兩個，一個是寄一般國內郵件，另一個是寄國際郵件、快捷、大型郵件等。郵票可在郵局或便利商店等購得。郵局的營業時間一般為 9:00～17:00，假日休息。

寄明信片回臺灣，郵資為￥70，大概一星期左右能收到；一般信件 25 公克以下￥90，50 公克以下￥160。

有這個標誌的地方表示有在賣郵票

日本郵局

日本國定假日

在安排旅行計畫時,將日本的休假日一併考慮進去,可以讓整個旅程更順暢。

備註:遇到星期日的話,星期一補假一天。

傳統型的郵筒

日本人會在兒童節當天懸掛鯉魚旗

日期	節日名稱
1 月 1 日	元旦(通常會從年底的 12 月 29 日左右開始,連續放到 1 月 3 日左右)
1 月第二個星期一	成人之日
2 月 11 日	建國紀念日
3 月 20 日或 3 月 21 日	春分之日
4 月 29 日	昭和之日
5 月 3 日	憲法紀念日
5 月 4 日	綠之日
5 月 5 日	兒童節(5 月的第一週通常會連休,稱為「黃金週」)
7 月第三個星期一	海洋節
8 月第二週左右	御盆節(通常會連休一星期左右)
8 月 11 日	山之日
9 月第三個星期一	敬老節
9 月 22 日～9 月 24 日其中一天	秋分之日
10 月第二個星期一	體育之日
11 月 3 日	文化之日
11 月 23 日	勤勞感謝日
12 月 23 日	天皇誕辰

時差

　　日本和臺灣的時差為＋1小時，也就是說日本比臺灣快1小時，所以只要臺灣時間減1小時，就是日本當地時間。

貨幣

硬幣

　　日本使用貨幣為「日圓」（円），符號是「￥」。發行的貨幣有紙鈔和硬幣兩種。

・紙鈔有四種面額：1萬日圓、5千日圓、2千日圓、1千日圓。

・硬幣有六種面額：500日圓、100日圓、50日圓、10日圓、5日圓、1日圓。

備註：售票機和自動販賣機只接受10日圓以上的硬幣，5日圓、1日圓僅限人工收取。

紙鈔

稅金與退稅

　　在日本消費需要加上8%的消費稅。商品上的標價有時是含稅價，有時則是沒有含稅的稅前價格，一定要看仔細。

　　根據日本2016年5月的退稅新制，只要是在有標示「Japan Tax-Free」的商家一次購買日幣5,000以下就可以免稅（「一般物品」與「消耗品」須分開計算）。退稅完成後店員會在護照上黏貼購買明細，離境時日本海關會撕回留存。要特別注意的是，「消耗品」的部分需離開日本後才能拆封使用，如果馬上就要使用的話，請分開結帳。

・一般物品：家電、皮包、衣服、手錶飾品、工藝品等。

・消耗品：食物、藥品、化妝品、電池等。

電壓與插頭

　　日本電壓是100伏特（100V），赫茲是東日本50Hz、西日本60Hz，跟臺灣相差不多，臺灣的電器基本上可以直接使用。目前的手機、數位相機、筆記型電腦等3C電子產品幾乎都是國際通用電壓，不管在世界哪裡都不需要特別準備變壓器。

日本的插座形狀是臺灣常見的兩孔插座。如果帶來的是三孔插頭或其他形狀插頭的電器時,就要自備轉接頭。

寄物櫃

四國的主要車站內都設有投幣式寄物櫃,而且尺寸齊全。寄物櫃多是論次計費,四國的主要車站內都設有投幣式寄物櫃,而且大中小尺寸齊全。寄物櫃多是論次計費。若是超過寄放時間,會產生「追加料金」,要補足金額後才能開啟寄物櫃。萬一車站裡的寄物櫃都已經有人使用或行李大到放不進寄物櫃,也可以找「行李暫時寄放處」(荷物一時預かり所)寄放行李,不過能夠寄存時間比較短,不像投幣式寄物櫃隨時都能寄放和領取。

寄物後鑰匙要保管好　　　　　　　四國 JR 站的寄物櫃最長可放 3 天

撥打電話

從臺灣打電話到日本

國際冠碼 +	日本國碼 +	對方電話號碼(去掉最前端的 0)
002 或 009	81	例 1.8012345678(原本是手機號碼 08012345678)
或其他電信公司代碼		例 2.891234567(原本是市話號碼 089-1234567)

從日本打電話到臺灣

國際冠碼 +	日本國碼 +	對方電話號碼(去掉最前端的 0)
001 或 "+"	886	例 1.912345678(原本是手機號碼 0912345678)
(3G 手機國際漫遊)		例 2.21234567(原本是市話號碼 02-1234567)

在日本打到日本當地

　　日本的電話號碼和臺灣一樣是「區域號碼」＋「電話號碼」，用市內電話打同一區域的電話號碼時要省略區域號碼，跨區或用手機撥打時要先輸入區域號碼。

區域號碼	
愛媛	089
香川	087
德島	088
高知	088

1 ～ 2 公用電話

手機網路

　　在日本旅行途中想使用電腦或手機行動上網，有以下幾種方法：

上網方式	說明	主要系統	費用	備註
國際漫遊上網	申請國內電信公司的國際漫遊上網。	中華電信、臺灣大哥大、遠傳。	NT.399/ 天	
免費 Wi-Fi	利用日本當地公共設施或連鎖餐飲店、超商所提供的免費 Wi-Fi 上網。	FREESPOT、7-Eleven 7SPOT、星巴克 at_Starbucks_Wi2、西日本 JR 等。	無	需在特定地點，也就是 Wi-Fi 熱點的地方才能上網。有使用時間限制。
行動上網分享器	租借攜帶式的網路分享器，可分享給同行多人使用。	Wi-Ho、WI-UP、iVideo 等。	約 NT.119 ～ 299/ 天	租借攜帶式的網路分享器，可分享給同行多人使用。
SIM 上網卡	購買具上網功能的 SIM 卡。	Docomo、EZ Nippon、So-net Prepaid LTE SIM 等。	約 NT.599/ 8 天～	裝了上網 SIM 卡後手機就無法接、撥電話，除非換回本來的 SIM 卡。

- ‧ FREESPOT：www.freespot.com
- ‧ 7SPOT：webapp.7spot.jp/internets
- ‧ 星巴克 at_Starbucks_Wi2：starbucks.wi2.co.jp
- ‧ 西日本 JR：www.westjr.co.jp/global/tc/wifi

緊急應變

護照遺失

1. 向當地警察局報案，同時取得報案證明。
2. 持報案證明和可證明身分的證件（如國內身分證、駕照等，最好有護照影本），前往臺北駐日代表處申請護照補發。
   另需準備符合護照規格要求的證件相片兩張。
3. 在國外申請護照補辦所需天數大約要兩週，若急於回國可改申請「入國證明書」（飛往他國或經由他國出境轉機回國者不適用）。
4. 持補發護照或憑入國證明書搭機返國。

臺灣在日本的辦事處

· 臺北駐日經濟文化代表處
  地址：東京都港區白金台五丁目二十番二號
  電話：(81-3) 3280-7811
  傳真：(81-3) 3280-7934
  ※ 急難救助：車禍、緊急就醫、搶劫、被補等需要協助，可撥打以下電話。但非緊急重大事件（例如護照、簽證、驗證等事項），請勿撥打。
  專線電話：(81-3) 3280-7811(上班時間)、(81-3) 3280-7917(24 小時)
  行動電話：(81) 80-6557-8796、80-6552-4764
  日本境內直撥：080-6557-8796、080-6552-4764

· 臺北駐大阪經濟文化辦事處
  地址：大阪市西區土佐堀一丁目四番八號日榮大樓四樓
  電話：06-6443-8481 ～ 7
  傳真：06-6443-8577、06-6459-2390
  ※ 急難救助：車禍、緊急就醫、搶劫、被補等需要協助，可撥打以下電話。但非緊急重大事件（例如護照、簽證、驗證等事項），請勿撥打。
  專線電話：090-8794-4568、090-2706-8277

機票遺失

　　目前航空公司開立的機票幾乎都是電子機票，只要有護照，航空公司的櫃臺人員就可以查出訂位資料，不會有機票遺失的問題。但若開的是實體機票，一旦遺失航空公司一般不會補發，遺失者需先付費重新購買機票，搭機返回國後再向航空公司請求機票遺失退款。

信用卡遺失

　　出國前請將信用卡上的緊急聯絡電話輸入手機，並抄下來與信用卡分開存放，以便遺失時立刻打電話向信用卡公司申請止付或掛失。

生病、受傷

　　在旅行途中若生病或不小心受傷，請就近求助診所或醫院，也可以請身邊的人呼叫救護車（撥 119）。就診之後記得請醫生開立證明和收據，以在回國後申請保險補助。如果是腸胃不適或發燒疼痛等小恙，建議出國前把常吃的腸胃藥或止痛藥放進行李，或是直接在日本當地的藥妝店購買成藥。

腸胃藥或止痛藥等可以在藥妝店購得

遭遇其他重大緊急危難、急難救助

　　可優先聯絡「駐日代表處」，也可撥打臺灣外交部的「旅外國人緊急服務專線」尋求協助。

機場聯合服務台

・旅外國人緊急服務專線：886-800085095
・旅外國人急難救助全球免付費專線：800-08850885（在日本當地前面要先撥 001-010，可用當地的公共電話和市內電話直接撥打，也可以用國內行動電話門號撥打，但須自行支付國際漫遊電話費用。）
・備註：
1. 非緊急情況，請勿任意撥打上述專線，以免耽誤真正緊急事故的聯繫處理。
2. 出國前可以到機場的「聯合服務台」拿「旅外國人緊急救助卡」，卡片上除了印有緊急聯絡電話，還有向當地人請求協助時需要用到的外語例句。

旅外國人緊急救助卡

特別收錄 1
讚岐烏龍麵巡行

　　自古以來香川就生產品質優良的小麥、鹽、醬油，運用這些材料香川人做出了全日本最好吃的烏龍麵，Q彈有勁的讚岐烏龍麵成為許多人對香川縣的第一印象。根據香川觀光局調查，讚岐烏龍麵是觀光客心目中香川縣最大的觀光魅力，甚至遠勝於縣內的名勝景點！實際上烏龍麵對香川縣民而言，更是生活中不可或缺的一部分，據說在這個烏龍麵大縣，平均每人每年會吃 200 ～ 300 碗之間，是日本第一。雖然讚岐烏龍麵如此有名，但在香川並未有像「烏龍麵通」這樣的觀光街（在以牛舌料理聞名的仙台市就有所謂的「牛舌通」專門街），而是分散在縣內各處，也因此誕生了以探訪美味及高人氣烏龍麵店的烏龍麵朝聖熱潮，也就是所謂的「烏龍麵巡行」（うどん巡り）！

職人煮麵中

烏龍麵店多位在縣道旁

美食的魅力勝過觀光景點

認識讚岐烏龍麵

在進行讚岐烏龍麵巡行之前，有些預備知識不能不知：

讚岐烏龍麵的組合要素

· 麵：彈Q有勁只是「麵」的基本條件。要有好的麵粉、水、鹽，好的製麵師傅才是做出好吃烏龍麵的關鍵。不管是過去從澳洲進口烏龍麵的專用麵粉「ASW」，還是現在香川自己研發生產的夢幻麵粉「讚岐之夢2000」（さぬきの夢2000），香川人為了追求烏龍麵的最高境界，至今仍持續努力當中。

· だし（湯汁）：用來搭配烏龍麵的湯汁，一般稱為「つゆ」，不過在香川這裡則是叫做「だし」，主要材料是香川特產的小沙丁魚干，再加上昆布或柴魚調配而成。通常店裡會準備冷湯和熱湯，看是要熱麵＋熱湯、冷麵＋熱湯、冷麵＋冷湯，還是熱麵＋冷湯，全都由客人自由選擇搭配。順帶一提，把湯全部喝完也是正宗「讚岐流」的做法之一。就像有人偏不喜歡吃湯麵只愛乾麵一樣，不想配湯也可以在烏龍麵上淋上醬油乾拌來吃，所以「だし」之外，「醬油」也很重要。

· 藥味（佐料）：日文「藥味」指的是蔥、薑、辣椒這類佐料，在香川的烏龍麵店薑末和蔥花是必備佐料，不但能增加味道層次，也能提升整體風味，這也是讚岐烏龍麵的特色之一。七味粉、唐辛子、柴魚片也是常見的佐料，一切可憑個人喜好隨意添加。

· 配菜：可以在烏龍麵外加點其他東西。多數烏龍麵店，除了烏龍麵，都會備有關東煮或飯糰、豆皮等配菜，炸蝦、炸竹輪等炸物也很常見。如果單吃烏龍麵不過癮，這些配菜大多由客人自己挾取，可以依個人喜好直接擺在烏龍麵上或另外裝盤。

吃法和 Menu

在讚岐烏龍麵的本場有各種不同的吃法和豐富的 Menu，要充分體驗好吃的烏龍麵、找出自己喜歡的吃法，不妨每一種都試試吧！以下介紹讚岐烏龍麵的五大主流吃法：

· かけ（清湯麵）：在麵上澆入大量的湯汁，是最簡單、也最主流的吃法。麵及湯的冷熱，都可隨自己的意思搭配。

· 醬油（醬油拌麵）：主流吃法之一，將醬油淋在烏龍麵上乾拌來吃。

· ぶっかけ（醬汁烏龍麵）：比起「かけ」，湯汁比較少、也偏濃。冷的「ぶっかけ」通常會搭上檸檬和蘿蔔泥。

- 釜揚（現煮烏龍麵）：省去過冷水的步驟，直接將現煮好的烏龍麵連同煮麵的麵湯一起裝碗。吃的時候，是將麵條從湯碗撈起，然後挾到裝醬汁的容器沾著醬汁吃。
- 釜玉（生雞蛋拌熱烏龍麵）：在剛起鍋的烏龍麵上打入生雞蛋，然後淋上醬油拌勻來吃。

讚岐烏龍麵的主角

店型

在香川的烏龍麵店主要有以下三種類型：
- 一般店：跟一般餐廳一樣，入座後等店員來點餐，店員會將所點的烏龍麵備好送給客人。通常是用完餐後再結帳。
- 自助型（セルフ）：向店裡的人點餐，接過後再自己端去加湯汁、放佐料、挾配菜等，吃完後要自己收拾餐具。通常是先結帳。
- 製麵所：原本是生產烏龍麵供應給學校或醫院的製麵工廠（類似家庭工廠），因為本業是製麵，基本上是屬於自助式的型態，通常營業時間短，座位簡陋或根本沒有座位，提供的 Menu 也簡單，有的甚至還要客人自備餐具。

可以搭湯食用

也可以淋醬油乾拌來吃

想加什麼自己來

豐盛多樣的配菜

加了大量肉片的
「肉ぶっかけ」

一般店

自助型

攻略要訣

要訣一　提早前往

　　有人說，讚岐烏龍麵的三大特色是「快速、便宜、好吃」，烏龍麵現煮一般可能要等上 20 ～ 30 分鐘，但在受歡迎的店裡隨時有麵條在大鍋中滾動，因此點餐後立即就能端出麵給客人，翻桌率非常高，而食材消耗自然也快。許多人氣烏龍麵店只要麵賣完了，當天營業就算結束，所以建議有心攻略人氣烏龍麵店者一定要提早前往，最好是安排在下午 1 點以前，能在開店前抵達更好，因為據說早上做出的烏龍麵最美味。

　　另外，星期日營業的店不多，加上假日容易大排長龍，最好避開例假日才不會敗興而歸。

要訣二　多方嘗試

　　難得來到烏龍麵的本場，當然要體驗各種不同的味道和吃法。先別說冷、熱麵跟冷、熱湯的各種搭配了，讚岐烏龍麵中的五大 Menu：かけ、醬油、ぶっかけ、釜揚、釜玉，更是每樣都不能錯失。另外，前述三種不同店型也都要體驗看看，探訪在地各種不同經營型態的烏龍麵店，也是讚岐烏龍麵巡行的樂趣之一。

要訣三　順序安排

　　前面說到不少人氣名店都只在上午營業，如果想要多跑幾家，事前規劃路線不可少，在順序安排上也是有一些訣竅和重點的。

重點 1：能吃多少？能吃幾間？

　　為了能多跑幾間，每到一間店最好點最小的分量，也就是「一玉」（一坨麵的意思），配菜也要適度，最好避免挾超過一樣。一般店的分量通常比較多，一碗大概有 1.5 玉左右。一玉通常是 200 公克上下，一天之內女生吃 4 玉，男生的話 6 ～ 7 玉都沒有問題，所以如果一整天都想繞著烏龍麵店跑，7 間是最大數。

重點 2：一大早就從吃烏龍麵開始

　　把早上 6 點就開門的烏龍麵店當作第一間。在上班前先來一碗讚岐烏龍麵是不少香川人的習慣，所以早上 6 點就開始營業的店不少。先在 7 點前解決第一間，再移動前往 8 點後才開門營業的店。

重點 3：開店前就先排隊

　　一些超有名的名店不只是例假日，就連平日也會大排長龍，無法準確掌握的排隊時間會打亂後面的預定行程，建議對於「非吃到不可的店」，最好在它開店前就先抵達。

重點 4：關於排隊

　　很多人氣店雖然排隊人多，但翻桌速度超快，有時會比想像中更快輪到自己。但如果真的決定要放棄，可以考慮買個該店的土產烏龍麵再走，進店買土產大多不需要跟著用餐人群排隊，也可以讓同行朋友留在原位排隊，自己先到店內看一下或先購買該店的土產烏龍麵，好好善用排隊時間。其實排隊也不是全然浪費時間，剛好讓胃有時間消化前一家店入肚的烏龍麵！

重點 5：最後一間店

　　跟自助型的店比起來，一般店的營業時間通常比較長，可以擺在最後一間。像是著名的「岡泉」（おか泉）就營業到晚上 8 點，在高松市內還有開到半夜的店呢！

要訣四　自助型烏龍麵店攻略

　　香川的自助型烏龍麵店自有一套獨特的用餐法，除了本地人和熟客，有時候連日本人自己都搞不清楚呢！隨著近來外地客人大量湧入，現在店家都會耐心指導初次入店的客人正確的用餐順序。總之，只要按著店家人員的手勢或前一位客人的動作來做就行了！

名店前總是長長的人龍

開店前就先排隊

排隊盛況

有些店家還會提供傘讓排隊的客人遮風擋雨

Menu 簡單到只有「玉數」

有的 Menu 很多樣

配菜

打開龍頭湯汁
就會跑出

有些店想要吃熱
麵得自己燙

加自己想要的佐料

　　自助型烏龍麵店都有各自的經營方式、點餐順序，不過大致會如以下步驟：

1. 點餐

　　點麵時一定要告知「麵量」（玉数）、再告知碗數，例：想吃一碗小碗的、跟一碗大碗的時候要點「『一玉ひとつ』と『二玉ひとつ』」，不過說不出日文也沒關係啦！

　　只要「small」、「middle」、「large」，加上1、2、3等手勢，也行得通。

　　有些店Menu簡單，可能只有冷麵（つめたい）、熱麵（あたたかい）之分，點餐時就是只要說要冷麵還是熱麵，然後要幾玉，拿到麵之後再自己去調理，看是要加湯還是淋醬油。有些Menu多一點的店會有「釜揚」、「釜玉」等可以選擇，則是先告知要「釜揚」、「釜玉」，或是其他，然後要幾玉（有些沒分大小碗）。

2. 取麵

　　有的店點完後店員馬上就會遞上麵條，或者是要自己移動到櫃臺前端去領麵，但有的店則是要到座位先坐定再等待叫號取麵。

3. 選擇配菜

　　大部分的烏龍麵店都會提供飯糰、關東煮、炸物等配菜，通常都是讓客人自己夾，可以直接放在烏龍麵上或另外裝盤。

4. 結帳

　　自助型的烏龍麵店通常在取完麵和配菜後，或者點餐時就要先結帳，通常採「自己申告制」，也就是由自己告訴結帳的店員總共點了些什麼。

5. 加湯、加佐料

　　蔥、薑、蘿蔔泥、炸屑等佐料，可以隨個人喜好添加在麵上。如果點的是一般的かけうどん（清湯烏龍麵），烏龍麵上的湯也是自己加，如果不想配湯，也可以淋醬油來吃。

6. 吃麵

7. 收拾餐具、離開

其他注意事項

在香川吃人氣烏龍麵有以下不成文規定：

1. 自備零錢：讚岐烏龍麵以味美價廉聞名，一碗可能才百圓，加上配菜後一人份甚至不到
   200 日圓。因此自備零錢是基本禮儀。一千圓鈔勉強還好，但可千萬別拿出萬元大鈔！
2. 不在店內久坐，吃完後就速速離開：一碗烏龍麵大概 5 分鐘左右就能完食，看到店外
   那長長人龍，應該很難好意思再繼續坐下去吧！
3. 湯汁、藥味酌量取用：盛湯時只盛自己喝得完的量，薑、蔥等佐料也適量取用。
4. 一個人至少要點一份：除非有幼童，否則不要兩人共食一碗。
5. 不亂停車：車子務必停在規定的地方或停車場。以讚岐烏龍麵為主題的電影「UDON」
   提到有人氣名店因為客人亂停車而導致關店，確有其事！

將用完的餐具還到流理檯

大家併桌一起吃

JR 坂出站提供腳踏車租借服務

開來的車子要停在規定的停車場

要訣五　交通方法

　　香川縣可分成四大地區，據說坂出、丸龜、善通寺所在一帶的「中讚地區」的烏龍麵店最好吃，許多人氣名店也多集中在此，但多數人氣店的營業時間僅在早上且座落在鄉間，交通不易。最方便的方法是開車或包租計程車，可以有效率的抵達一些位處偏遠的烏龍麵名店，想省預算又想拜訪名店則可以考慮搭乘從高松市發車的烏龍麵觀光巴士，或是可以從車站租借腳踏車，JR 高松站、丸龜站、坂出站、善通寺站都有提供腳踏車租借的服務。

讚岐烏龍麵人氣名店

日之出製麵所【製麵所】

本業是製麵所，提供用餐的時間僅有中午短暫的 1 小時，只要過了午餐時間，就只能買土產回家了，也是這夢幻的 1 小時讓「日之出製麵所」成了美食迷心中的夢幻名店，而且只有前一百碗是用烏龍麵專用麵粉「讚岐之夢 2000」做成，夢幻程度更上一層。開店前的 11:10 左右已經有人開始排隊，店附近看得到的空地幾乎都是該店提供給客人的停車場，此外門外還貼心準備了遮陽擋雨的雨傘，不過它的翻桌率極高，就算當不了第一輪入店的客人也無需排太久。進店後店員會安排座位，無論人數多寡一律併桌而坐。店員會將麵送上座位，桌子上有蔥、薑等佐料，以及湯汁瓶，限量的配菜也以保鮮盒裝著放在長條狀的桌子上，要伸手拿到桌子另一端的筷子或佐料、湯汁幾乎是不可能，這時就要麻煩十年修得同桌坐的有緣人們幫忙互遞東西。用餐完畢後再前往櫃檯結帳，如果要買土產也在這時一起結。

日之出製麵所

只有簡單的幾樣配菜，限量供應

就算加上配菜兩個百圓銅板還有找

日之出製麵所
◎ 網站：www.hinode.net
◎ 營業時間：11:30 ～ 12:30（土產販賣 9:00 ～ 17:00）
◎ 地址：香川縣坂出市富士見町 1-8-5
◎ 交通：JR 坂出站，步行約 10 分鐘

蒲生（がもう）【製麵所】

　　如果沒有門前的人龍，周圍都是農家與農田的「蒲生」，就只是田中央一間毫不起眼的小倉庫而已。蒲生是先點麵、取麵，然後挾配菜、加湯、佐料，最後結帳。店內座位不多，加上空間緊迫，大部分的人都選擇在戶外吃麵，也因為大家幾乎都是站著就呼嚕呼嚕吃起麵來，客人的流動率很快，排隊時間不會太長。麵條較其他店來得細一些，但美味程度卻一點都不讓人！是筆者心中的第一名。

特大號的豆皮也很受歡迎

Data

蒲生（がもう）
◎ 網站：www.kbn.ne.jp/home/udong
◎ 營業時間：8:30 ～ 13:30 或賣完（週日、每月第三、四個週一休，以及 10 月第二個週一休）
◎ 地址：香川縣坂出市加茂町 420-3
◎ 交通：JR 鴨川站，步行約 20 分鐘

JR 鴨川站

遠處的瀨戶大橋

大家都選在戶外吃麵

穿過稻田與農家

中村【自助型】

　　丸龜市內有兩間都叫做「中村」的烏龍麵店，據說兩家店的店主是親兄弟，從車站步行可至的這間中村，位在醫院附近，周邊雖都是餐飲店，不過停車場中的所有車子幾乎都是為著吃烏龍麵而來。親切熱情的老闆負責指揮包括店員、客人在內每個人該幹嘛，該店最有人氣的 Menu 是「釜玉」（￥280），剛起鍋的熱麵打入生雞蛋，之後倒入醬油一起攪拌（適當的醬油量是沿著麵碗快速倒一圈半），麵的熱氣會將蛋和醬油的美味用力地催出來！

Data
　中村
◎營業時間：10:00 ～ 14:00 或賣完（週五休）
◎地址：香川県丸亀市土器町東 9-283 CLOVER SHOEI ビル 1F
◎交通：JR 宇多津站，步行約 20 分鐘；或是 JR 丸龜站，步行約 25 分鐘

丸龜城所在的丸龜市有許多美味的烏龍麵店　店家會熱心的指導吃法

招牌的釜玉

假日的盛況

長田 in 香之香（長田 in 香の香）【一般店】

名字很特別的「長田 in 香之香」是釜揚烏龍麵的專門店。先點餐及買單然後找座位坐下，不久後剛起鍋熱騰騰的烏龍麵就會送到座位來。吃釜揚烏龍麵就像是吃日本冷蕎麥麵的吃法，將烏龍麵從麵碗中挾起然後沾一下沾汁杯裡的沾汁來吃。長田 in 香之香的特製沾汁裝在像是酒壺的大支瓶子裡，由醬油為底加入昆布、柴魚片等熬製成，將壺裡的醬汁倒入醬汁杯，放入蔥花等佐料調成自己喜歡的風格，就可以搭麵一起吃了！

> **Data**
>
> 長田 in 香之香（長田 in 香の香）
> ◎ 網站：www.geocities.jp/nagata_in_kanoka
> ◎ 營業時間：9:00 ～ 17:00（週三、週四休，遇國定假日照常營業）
> ◎ 地址：香川県善通寺市金蔵寺町字 1180
> ◎ 交通：JR 金蔵寺站，步行約 15 分鐘

沿著金倉寺的指標前進

長田 in 香之香

招牌的釜揚

金倉寺是八十八札所之一

岡泉（おか泉）【一般店】

　　「岡泉」的招牌 Menu「炸蝦冷烏龍麵」（ひや天おろし）可説是每桌必點，彈牙的冷烏龍麵上搭上兩尾大隻的炸蝦，還沒開始吃視覺上就讓人印象深刻，不過也因為這兩尾豪華炸蝦，讓這一碗「炸蝦冷烏龍麵」價格飆到￥972！屬於「一般店」的岡泉營業時間一直到晚上 8 點，但也因為是一般店，翻桌速度比自助型的店慢上許多，如果選在假日又是用餐尖峰時段跑來，1 ～ 2 小時的排隊時間是絕對免不了的。

DATA

岡泉（おか泉）
◎網站：www.okasen.com/honten
◎營業時間：11:00 ～ 20:00（週一、二休，遇國定假日照常營業）
◎地址：香川県綾歌郡宇多津町浜八番丁 129-10
◎交通：JR 宇多津站（南口北口），步行約 15 分鐘

岡泉

在假日時營業時間之內長列都不見中斷

必點的炸蝦冷烏龍麵

坐定後會有店員前來幫忙點餐

坂枝（さか枝）【自助型】

　　「坂枝」位在香川縣高松市氣派的縣廳附近，在天還未完全亮的時候，就已經開始營業，早上的客人多是附近的上班族，準備吃完麵去上班！除了充滿小麥香、彈力十足的麵條，店內還有種類豐富、讓人眼花繚亂的炸物，任一樣￥90。

> **DATA**
> 坂枝（さか枝）
> ◎營業時間：6:00 ～ 15:00 或賣完（週日、國定假日休）
> ◎地址：香川縣高松市番町 5-2-23
> ◎交通：JR 栗林公園北口站，步行約 10 分鐘；或是 JR 高松站，步行約 22 分鐘

坂枝

早上多是附近的上班族

清湯烏龍麵

竹清【自助型】

　　位在坂枝附近的「竹清」以好吃的炸物聞名，當然麵也不在話下。竹清的烏龍麵最小分量從 0.5 玉起跳，來到這裡必點還有炸半熟蛋，劃開炸過的水煮蛋，裡頭半熟的蛋黃立刻流洩而出，和彈 Q 的麵條拌在一起，美味程度破表。

> **DATA**
> 竹清
> ◎營業時間：11:00 ～ 14:30 或賣完（週一休）
> ◎地址：香川縣高松市龜岡町 2-23
> ◎交通：JR 栗林公園北口站，步行約 8 分鐘；或是 JR 高松站，步行約 25 分鐘

短的營業時間內客流量驚人

炸半熟蛋的手從不間斷

滿足的一碗

笨蛋一代（うどんバカ一代）【自助型】

　　做麵的是笨蛋，吃麵的也是笨蛋，「笨蛋一代」位在寧靜的住宅區，不過門前的布幡卻十分吸引人注意。因為對麵的彈性特別有自信，所以Menu 也以要求麵條彈性的「醬汁烏龍麵」（ぶっかけうどん）（￥290）為主，另外還獨創奶油烏龍麵（釜バター）（￥490），剛煮好的熱烏龍麵擺上一片奶油和黑胡椒粒，是十分奇妙又令人難忘的美味。

> **Data**
> 笨蛋一代（うどんバカ一代）
> ◎營業時間：6:00 ～ 18:00
> ◎地址：香川縣高松市多賀町 1-6-7
> ◎交通：琴電瓦町站，步行約 10 分鐘；或是琴電花園站，步行約 5 分鐘

笨蛋一代

肉片醬汁烏龍麵（肉ぶっかけうどん）
￥440

有豐富的配菜可以選擇

其他高松市內人氣烏龍麵店

1. 誠烏龍麵（誠うどん）【自助型】
- 營業時間：11:00 ～ 17:00 或賣完（週休）
- 地址：香川縣高松市龜岡町 17-14
- 交通：JR 栗林公園北口站，步行約 5 分鐘

2. 松下製麵所【製麵所】
- 網站：www.matsushita-seimen.jp
- 營業時間：7:30 ～ 17:30 或賣完（週日休）
- 地址：香川縣高松市中野町 2-2
- 交通：JR 栗林公園北口站，步行約 7 分鐘

3. 上原屋本店【自助型】
- 網站：ueharayahonten.com
- 營業時間：9:00 ～ 16:00（週日休）
- 地址：香川縣高松市栗林町 1-18-8
- 交通：琴電栗林公園站，步行約 7 分鐘

4. 烏龍麵棒本店（うどん棒本店）【一般店】
- 營業時間：11:00 ～ 21:00
- 地址：香川縣高松市龜井町 8-19
- 交通：琴電瓦町站，步行約 7 分鐘

5. 烏龍麵屋五右衛（うどん屋五右衛）【一般店】
- 營業時間：20:00 ～ 01:00 或賣完（週日、國定假日休）
- 地址：香川縣高松市古馬場町 13-15
- 交通：琴電瓦町站，步行約 7 分鐘

6. 中 TAMO 屋女道場店（たも屋女道場）【自助型】
- 網站：www.tamoya.com/corporate
- 營業時間：10:30 ～ 15:30
- 地址：香川縣高松市南新町 11-9
- 交通：琴電瓦町站，步行約 6 分鐘

7. 堅持麵屋高松店（こだわり麵や高松店）【自助型】
- 網站：www.westfoodplanning.com
- 營業時間：6:30 ～ 15:00（每月第三個週三休）
- 地址：香川縣高松市天神前 5-25
- 交通：琴電瓦町站，步行約 10 分鐘；或是 JR 高松站，步行約 20 分鐘

土產

　　來到香川，除了享用本場美味的現煮烏龍麵，一定也還要帶些烏龍麵土產回去。在香川很容易就能找到可以作為伴手禮的烏龍麵組合，一組裡頭大約會有三到五人份的烏龍麵與醬汁。在店頭和土產店的烏龍麵土產百百種，在下手之前先來了解一下它們有何不同：

生麵
　　剛做出來的生麵條。通常包裝簡單只能從店裡買到。保存期限短，且需要冷藏保鮮。

準半生麵
　　又叫「純生麵」，可以保存兩週到一個月。由於在製造過程中做了含水率與配方方面的調整，因此雖是屬於生麵，但保存期限較普通生麵要長。通常在店裡或土產店裡販賣。

半生麵

　　半乾燥的生麵。通常在店裡或土產店裡販賣。可以在常溫中保存一到三個月，最適合外地觀光客。

乾麵

　　由食品製造商大量生產完全乾燥的麵條。可保存長達一年以上。

醬油

　　單獨販賣的烏龍麵專用醬油。有些店除了烏龍麵，也會販賣店家專用的烏龍麵醬油。

土產烏龍麵禮盒以「半生麵」為主流

日文單字帳【飲食篇】

中文	日文	中文	日文
烏龍麵	うどん / 饂飩	肉片醬汁烏龍麵	肉ぶっかけうどん
一坨	一玉	咖哩烏龍麵	カレーうどん
二坨	二玉	湯汁	だし
三坨	三玉	佐料	薬味
小碗	小	炸物	天ぷら
中碗	中	豆皮	あげ
大碗	大	溫泉蛋	温泉たまご
熱的（烏龍麵）	温かい / 熱い	生雞蛋	生たまご
冷的（烏龍麵）	つめたい / 冷たい	竹輪	ちくわ
現煮烏龍麵	釜揚げ / 釜あげ	可樂餅	コロッケ
現煮烏龍麵拌熱雞蛋	釜玉	關東煮	おでん
清湯烏龍麵	かけうどん	飯糰	にぎり
醬汁烏龍麵	ぶっかけうどん	結帳	会計
醬油烏龍麵	醤油うどん	免洗筷	割り箸
涼烏龍麵	ざるうどん	自助	セルフ

特別收錄 2
四國買物 NOTE

愛媛縣

· 柑橘製品：愛媛是日本第一的柑橘王國，各式各樣柑橘加工品更是豐富到讓人眼花繚亂，從果汁到飲用醋，餅乾到巧克力應有盡有。

用可愛的玻璃瓶裝感覺好喝度倍增

伊予蜜柑製成的飲用醋

全部都是蜜柑口味

各種柑橘汁

· **PON JUICE（ポンジュース）**：松山在地的飲料廠商推出的橘子汁，是愛媛人從小喝到大的味道。

· **松山拉麵**：一人份（説是半人份比較貼切）的小包生拉麵，適合當消夜填肚子。雖然是醬油口味的拉麵卻帶有淡淡的柑橘香。

· **小雞小治**：今治市的代表吉祥物「小治」（バリィさん），是 2012 年日本全國吉祥物人氣票選的總冠軍！

PON JUICE

以 PON JUICE 為基底的雞尾酒

迷你拉麵

各種糖果餅乾

- **砥部燒瓷器**：質地厚實、價格不貴的砥部燒瓷器很適合買來當作紀念禮物。
- **今治毛巾**：今治市是日本第一的毛巾產地，送禮自用都很適合。
- **少爺丸子（坊ちゃん団子）**：三種顏色代表三種口味，雖然甜膩卻是松山最有名的點心之一。

砥部燒瓷器

砥部燒賣場

繽紛多彩的日本製毛巾

來到松山一定會看見的三色丸子

- **一六蛋糕卷（一六本舖タルト）**：紅豆餡裡透出淡淡的柚子香，和少爺丸子一樣，是松山最具代表性的甜點。
- **其他**：道後啤酒、道後蘇打汽水等在地飲料。

又被叫做「の字卷」

道後啤酒

道後蘇打汽水

高知縣

- **帽子麵包**：刻意做成帽子形狀的帽子麵包，帽沿酥脆、帽心柔軟。
- **地瓜糖籤（芋けんぴ）**：將地瓜削成條狀油炸後裹上砂糖，香甜酥脆讓人越吃越上癮，是高知版的薯條三兄弟。
- **高知冰淇淋（アイスクリン）**：跟一般冰淇淋不太一樣的「高知冰淇淋」，口感介於冰淇淋與 sherbet 之間。

剛出爐的帽子麵包

越吃越上癮的地瓜糖籤

地瓜糖籤的小包裝，適合拿來分送給親友

高知冰淇淋的攤子

一般商店也能夠買到

- **馬路村果汁 (ごっくん馬路村)**：使用「馬路村」當地特產的柚子製成的果汁，來到高知一定要嘗看看。
- **小夏果汁 (小夏じゅーす)**：「小夏」是柑橘品種之一「日向夏」的暱稱，酸酸甜甜不帶苦味，最適合在大熱天時飲用。
- **髮簪蛋糕 (かんざし)**：以高知民間故事為靈感的髮簪蛋糕是高知的著名銘菓，柔軟的蛋糕帶有淡淡的柚子香。
- **柚子相關產品**：在高知除了柚子果汁之外，還能看到柚子醋、柚子鹽、柚子口味點心等以柚子為主題的產品。
- **高知地酒**：高知當地所產的清酒、燒酎，深受不少愛酒人喜歡。
- **鰹魚人 (カツオ人間)**：高知的代言吉祥物「鰹魚人」，目前人氣正逐漸爬升中。

盒裝的髮簪蛋糕裡還會附一支髮簪棒棒糖　　「文旦」也是高知特產之一　柚子口味的柚子酒

光看就讓人覺得清涼的玻璃外瓶　　好喝到不行的小夏果汁

鰹魚人 (カツオ人間)　　高知燒酎

德島縣

- **鳴門金時甜點**：德島農產品中以「鳴門金時」地瓜最為有名，做成的點心種類多到讓人目不暇給。
- **藍染**：藍染是德島的傳統工藝之一，被稱為「阿波藍」。
- **德島拉麵**：想要再度回味德島拉麵的滋味？禮盒裝的德島拉麵是不二之選。

以地瓜入餡的甜點　　鳴門金時牛乳糖　　各種藍染製品　　各式各樣的盒裝德島拉麵　　名店也不缺席

香川縣

- **和三盆點心**：因為和三盆糖是香川的特產，所以可以找到不少用和三盆糖做成的點心，像是和三盆糖長崎蛋糕、和三盆糖巧克力等。
- **橄欖製品**：利用小豆島的橄欖做成的橄欖油、橄欖肥皂等橄欖商品，向來很受女性喜歡。
- **瓦仙貝（瓦せんべい）**：創業於 1877 年的仙貝老店「宗家久和堂」的招牌商品，非常考驗牙口強度。有大到如 A4 和小到如名片等多種大小可供選擇。
- **醬油製品**：除了醬油，還有搭配烏龍麵的專用醬汁，另外使用醬油熬煮出的醬油豆、佃煮等也都是香川縣名產。
- **讚岐烏龍麵**：一定要買的烏龍麵組合。除了麵本身，通常還會附上調味用的醬油。
- **廣榮堂元祖吉備糰子（廣榮堂元祖きびだんご）**：沒有包餡、沒有多餘複雜的味道，以糯米糰本身一決勝負，岡山縣名產的廣榮堂吉備糰子在 JR 高松站也能買到，不要錯過了！
- **讚岐啤酒**：香川限定的當地啤酒。

「三友堂」的招牌點心「木守」，也以和三盆糖提味

調味橄欖油

小片裝瓦仙貝

百家爭鳴的烏龍麵土產區

各種醬油加工品

除了原味，還有黑糖、白桃等口味的吉備糰子

偏向德國啤酒的風味

到哪裡逛街購物？

1. 松山

松山市內最適合逛街的地方是「銀天街‧大街道」商店街，銀天街入口在伊予鐵道松山市站東邊，長六百公尺，之後與縱向的大街道商店街相接一直延伸到伊予鐵道的大街道站為止。

銀天街商店街入口

2. 高知

高知市內最大的商店街是帶屋町商店街，位在追手筋通南邊，與追手筋通平行。

寬敞明亮的帶屋町商店街

3. 德島

JR 德島站周邊最適合逛街購物，像是站前的 SOGO 與德島 CITY，車站大樓本身也有得逛。

德島站前的購物中心「德島 CITY」

4. 高松

位在中央通東側，與中央通平行的高松中央商店街，集合了兵庫町商店街、丸龜町商店街、南新町商店街等，範圍廣大。

大而美的商店街的拱頂

國家圖書館出版品預行編目(CIP)資料

日本四國自助超簡單 / 林幸樺文.攝影. -- 二版.
-- 臺北市：華成圖書，2016.12
　面；　公分. -- (GO簡單系列；G0309)
ISBN 978-986-192-294-2(平裝)

1.自助旅行 2.日本四國

731.779　　　　　　　　　　　　105018974

GO簡單系列　G0309

日本四國自助超簡單（全新修訂版）

作　　　者／林幸樺

出版發行／ 華杏出版機構

華成圖書出版股份有限公司
www.far-reaching.com.tw
11493台北市內湖區洲子街72號5樓（愛丁堡科技中心）
戶　　　名　華成圖書出版股份有限公司
郵 政 劃 撥　19590886
e - m a i l　huacheng@email.farseeing.com.tw
電　　　話　02-27975050
傳　　　真　02-87972007
華 杏 網 址　www.farseeing.com.tw
e - m a i l　fars@ms6.hinet.net
華 成 創 辦 人　郭麗群
發 　行 　人　蕭聿雯
總 經 理　蕭紹宏
法 律 顧 問　蕭雄淋・陳淑貞

企 劃 主 編　蔡承恩
責 任 編 輯　李冠慶
美 術 設 計　陳琪叡
行 銷 企 劃　林舜婷
印 務 專 員　何麗英

定　　　價／以封底定價為準
出版印刷／2013年9月初版1刷
　　　　　　2016年12月二版1刷

總 經 銷／知己圖書股份有限公司
　　　　　台中市工業區30路1號　　電話 04-23595819　　傳真 04-23597123

☺ 讀 者 回 函 卡

謝謝您購買此書，為了加強對讀者的服務，請詳細填寫本回函卡，寄回給我們（免貼郵票）或
E-mail至huacheng@email.farseeing.com.tw給予建議，您即可不定期收到本公司的出版訊息！

您所購買的書名/＿＿＿＿＿＿＿＿＿＿＿　購買書店名/＿＿＿＿＿＿＿＿＿＿

您的姓名/＿＿＿＿＿＿＿＿＿＿＿＿＿＿　聯絡電話/＿＿＿＿＿＿＿＿＿＿

您的性別/□男　□女　　　您的生日/西元＿＿＿＿＿年＿＿月＿＿日

您的通訊地址/□□□□□＿＿＿＿＿＿＿＿＿＿＿＿＿＿＿＿＿＿＿＿＿

您的電子郵件信箱/＿＿＿＿＿＿＿＿＿＿＿＿＿＿＿＿＿＿＿＿＿＿＿＿＿

您的職業/□學生　□軍公教　□金融　□服務　□資訊　□製造　□自由　□傳播
　　　　　□農漁牧　□家管　□退休　□其他

您的學歷/□國中（含以下）　□高中（職）　□大學（大專）　□研究所（含以上）

您從何處得知本書訊息/（可複選）

□書店　□網路　□報紙　□雜誌　□電視　□廣播　□他人推薦　□其他

您經常的購書習慣/（可複選）

□書店購買　□網路購買　□傳真訂購　□郵政劃撥　□其他＿＿＿＿＿＿＿＿＿＿

您覺得本書價格/□合理　□偏高　□便宜

您對本書的評價（請填代號/ 1.非常滿意 2.滿意 3.尚可 4.不滿意 5.非常不滿意）

封面設計＿＿＿＿　版面編排＿＿＿＿　書名＿＿＿＿　內容＿＿＿＿　文筆＿＿＿＿

您對於讀完本書後感到/□收穫很大　□有點小收穫　□沒有收穫

您會推薦本書給別人嗎/□會　□不會　□不一定

您希望閱讀到什麼類型的書籍/＿＿＿＿＿＿＿＿＿＿＿＿＿＿＿＿＿＿＿＿＿

您對本書及我們的建議/

www.far-reaching.com.tw

華杏出版機構

華成圖書出版股份有限公司　收

11493 台北市內湖區洲子街 72 號 5F（愛丁堡科技中心）
TEL/02-27975050

（沿線剪下）

（對折黏貼後，即可直接郵寄）

☺ 本公司為求提升品質特別設計這份「讀者回函卡」，懇請惠予意見，幫助我們更上一層樓。感謝您的支持與愛護！

www.far-reaching.com.tw　　　請將 G0309 「讀者回函卡」寄回或傳真(02)8797-2007